HAIE

Herrscher der Meere

KARL MÜLLER VERLAG

HAIE

Herrscher der Meere

Texte
Gaetano Cafiero
Maddalena Jahoda

Herausgeberin
Valeria Manferto

Gestaltung
Patrizia Balocco

Zeichnungen
Monica Falcone

Wissenschaftliche Beratung
Dr. Angelo Mojetta

Seite 1 Der Blauhai (Prionace glauca) zählt zu den am häufigsten vorkommenden Raubfischen in allen Weltmeeren.

Seite 2–3 Zu den aufregendsten Erlebnissen für Taucher gehört es, eine Versammlung der Hammerhaie mitzuerleben. Das Bild zeigt eine Gruppe der Art Sphyrna lewini in der See vor den Galapagosinseln.

Seite 4–5 Der Sandtiger (Odontaspis taurus) beeindruckt mit seinem martialischen Gebiß.

Seite 6–7 Ein Grauhai greift eine Gruppe von Tintenfischen an, die in der Fortpflanzungszeit in großer Zahl zusammengekommen sind.

Seite 8–9 Die ungehemmte Wildheit des Weißen Hais gebietet Vorsicht und Distanz.

Seite 10–11 Taucher, die sich in Australien den Weißen Hai (Carcharodon carcharias) aus nächster Nähe ansehen wollen, ohne dabei ein Risiko einzugehen, lassen sich in speziellen Schutzkäfigen ins Meer absenken.

Mythos Hai

Seit jeher beschäftigen die Haie die Phantasie der Menschen. Sie waren Protagonisten dramatischer und blutiger Ereignisse, Gegenstand von Legenden und Mythen, Symbole für die älteren Kulturen.

Inzwischen weiß man relativ viel über diese Tiere, die sehr gründlich studiert wurden, auch um Möglichkeiten zu finden, Angriffe abzuwehren. Schließlich waren Haie, insbesondere in Südafrika und Australien, Schuld am Tod vieler Menschen. Ein zweiter Grund für das Interesse an Haien, war zu erfahren, ob man sie, ähnlich den Walen, industriell nutzen kann.

Allerdings gibt es zum Thema Haie auch Fragen, die noch offen sind, oder auf die es keine eindeutigen Antworten gibt. So bestehen noch Unklarheiten über Artenvielfalt, über ihre Gewohnheiten und Verhaltensweisen. Einige Fischkundler bezweifeln sogar ihre Zugehörigkeit zur Klasse der Fische. Ihrer Meinung nach verbieten es die anatomischen Unterschiede zwischen den Knorpelfischen (Haie, Rochen und Chimären) und den Knochenfischen, die beiden Gruppen derselben zoologischen Klasse zuzuordnen. Von diesem Standpunkt aus betrachtet sind diese Tiere mit dem Knorpelskelett und der dicken elastischen Haut, von der alle Muskeln und Organe zusammengehalten werden, keine Fische, sondern fischartige Wirbeltiere. In »Fish Handling and Processing«, einem Handbuch des »Torrey Research Institute«, ist wörtlich zu lesen: »Die modernen Fische können in drei Hauptgruppen unterteilt werden, die untereinander nicht mehr so eng verwandt sind, wie es zum Beispiel bei den Fischen oder Säugetieren noch der Fall ist.« Laut Z. V. Spinar ist der Begriff »Fisch« kein im zoologischen Sinne korrekter Terminus. Vielmehr bezeichnen wir damit ganz allgemein all jene Wirbeltiere, die mit Hilfe von Flossen schwimmen und anhand unzureichender Kategorien in Arten untergliedert werden.

Dieser Band beschäftigt sich im ersten Teil mit der jahrhundertelangen Beziehung zwischen Menschen und Haien und schildert zudem eine Reihe von Episoden, die der Autor Gaetano Cafiero im Mittelmeer, im offenen Ozean oder dem australischen Great Barrier Reef selbst erlebt hat.

Seite 12–13 Der zu den sogenannten Menschenhaien gehörende Weißspitzen-Hochseehai (Carcharhinus longimanus) ist in allen warmen, tropischen Gewässern verbreitet. Man erkennt ihn an den langen Brustflossen, die an den Spitzen abgerundet sind. Auch die vordere Rückenflosse mit den charakteristischen weißen Flecken ist eher rundlich und breit. Er bevölkert für gewöhnlich das offene Meer, auch wenn er sich gelegentlich den flachen Küstengewässern nähert. Etliche Attacken werden dieser Art zugeschrieben, die dem Menschen in der Tat gefährlich werden kann, obwohl sie normalerweise nicht länger als drei Meter wird. Die vor seiner Schnauze herschwimmenden Lotsenfische (Naucrates ductor) folgen gelegentlich auch Mantas oder Schiffen; sie spekulieren auf Reste der Beute. Vielleicht suchen sie auch Schutz bei ihrem furchterregenden Begleiter. Früher glaubte man, Lotsenfische seien dazu in der Lage, Haie den Weg zu den nahrungsreichen Gebieten des Meeres zu zeigen und Schiffe in sichere Häfen zu leiten. Die Tatsache, daß Haie Lotsenfische nicht angreifen, haben sich einige Taucher zunutze gemacht, indem sie schwarzweiß gestreifte Anzüge tragen, in der Hoffnung, auf diese Weise weniger durch die Raubfische gefährdet zu sein.

Seite 14–15 Ein Walhai (Rhincodon typus) schwimmt mit aufgerissenem Maul, das einen Durchmesser von bis zu zwei Metern erreichen kann, an der Wasseroberfläche, um Plankton zu filtrieren. Der Walhai ist der größte bekannte Fisch der Erde.

Seite 16–17 Der Weißspitzen-Riffhai (Triaenodon obesus) ist vor allem nachts aktiv, während er den Tag versteckt in einer Höhle verbringt.

Seite 18–19 Der Schwarze Dornhai (Etmopterus spinax) ist ein kleiner Vertreter der Familie der Stachelhaie. Nur etwa 45 Zentimeter lang, bevorzugt er Tiefen zwischen 200 und 500 Metern.

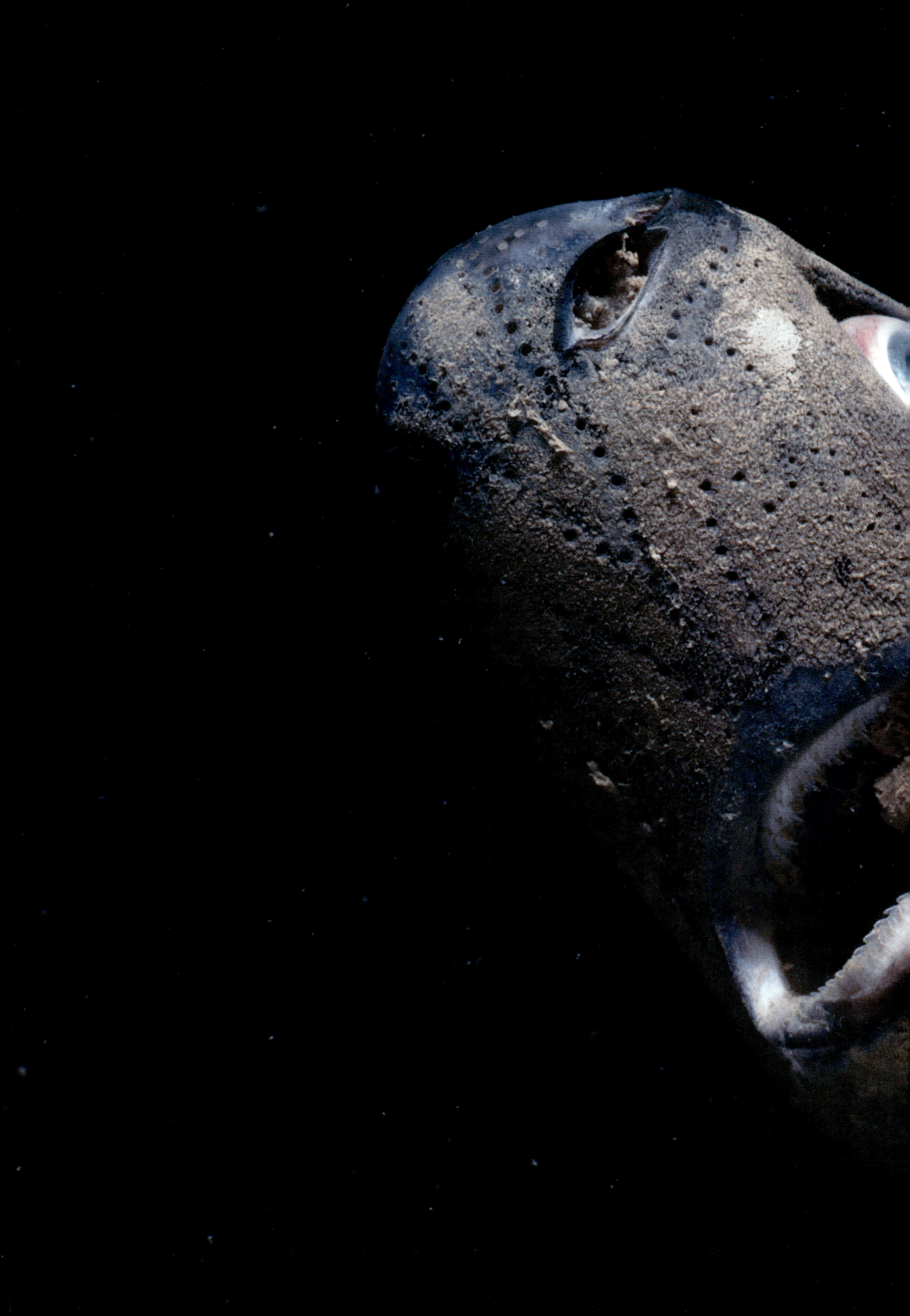

Den Haien auf der Spur

Als die schwarze Flosse auf einmal im sauberen, blauen Wasser unweit des kleinen Hafens Mergellina bei Neapel sichtbar wurde, machte sich unter den anwesenden Müttern und Fischern Panik breit, und aufgeregt erteilte man sich gegenseitig verschiedenste Ratschläge. Alle glaubten, einen Hai zu sehen – tatsächlich handelte es sich aber nur um einen Delphin. Und die kleinen in Italien oft anzutreffenden Katzenhaie, die sich für gewöhnlich regungslos in ihren Höhlen aufhalten, aber unter Umständen auch schnell zubeißen, waren für uns Haie, als wir noch tauchende Kinder, aber noch lange nicht Unterwasserspezialisten waren. Viele Jahre später, als erfahrene Taucher, versuchten wir unser Glück in exotischen Gewässern, indem wir Ammenhaie am Schwanz aus den Grotten zogen, in die sie sich zurückgezogen hatten. Wir belästigten auch weniger friedliche Haie bis zur äußersten Grenze des Möglichen. Auf den Malediven haben wir, als wir die Aufnahmen für den Dokumentarfilm von Gian Franco Bernabei zu Ende drehen wollten, alles mögliche angestellt, um einige furchterregende Haie anzulocken – allerdings ohne den geringsten Erfolg.

Ich richtete das Objektiv meiner Kamera auf einen Schwarzflossenhai und wartete, daß er sich auf die richtige Distanz näherte. Der Hai kam nur bis vier Meter heran, zog sich dann aber ganz schnell zurück und verschwand. Ehrlich gesagt weiß ich nicht, um welche Art von Haien es sich handelte, als 1980 gleich vierzehn Exemplare von ihnen auf einem Korallenriff des Palau-Archipels im Pazifischen Ozean um mich herumschwammen. Der florentinische Unterwasserfischer Gian Carlo Giannini hatte einen herrlichen Fisch in fünfzehn Meter Wassertiefe an der Riffkante harpuniert. Ich hielt den Fotoapparat, beide hielten wir den Atem an. Kurz nachdem der Pfeil aus dem Luftgewehr die eine Seite des Fisches gleich hinter dem Kiemendeckel durchbohrt hatte, begann schon das Durcheinander, der höllische Sabbat der Haie, von denen keiner länger als zwei Meter war und die sich schnell und unermüdlich daran machten, Gianninis Köder in Stücke zu zerreißen. Mein Gefühl sagte mir, daß, wenn nur eines dieser Tiere Interesse daran gehabt hätte, auch meine Arme und Beine zu verschlingen, es mir unmöglich gewesen wäre, mich irgendwie zu verteidigen. Ich begriff, daß der Mensch völlig hilflos ist, wenn ein Hai ihn angreifen will und verspürte eine große Angst. Und ich konnte die Unruhe nachempfinden, die sich auf den Vergnügungsbooten in Dakar im Senegal, die für die Hochseefischerei ausgestattet sind, breitmacht, wenn die großen grauen Flossen der Haie um die Boote herumziehen, bereit, sich auf den Segelfisch, der an der Angel hängt, zu stürzen. Ebenfalls im Senegal, in einem Feriendorf von Saint-Louis, trug sich folgendes zu: Ein junger französischer Ingenieur hatte seiner Frau zum Abendessen einen rosa Zahnbrassen versprochen. Ich begleitete ihn und zog einen Unterwasserluftballon hinter mir her, an dem eine zweite Harpune befestigt war. Ich erlegte einen Zackenbarsch und befestigte ihn an dem Ballon. Als der Ingenieur mit dem Zahnbrassen auftauchte, bat er mich, ihm die andere Harpune zu reichen. Ich zog den Ballon an mich heran und bemerkte, daß er am oberen Ende sauber durchtrennt war, wie durch den Hieb eines Messers, der Zackenbarsch und die Harpune waren nicht mehr zu sehen. »Merde«, meinte der junge Franzose, »ein Hai«. Für kurze Zeit blieben wir noch unter Wasser, allerdings mit angezogenen Beinen, dann gelang es uns, an Bord eines Touristenbootes zu gelangen. Ein Einheimischer erklärte, daß dieses Erlebnis im Senegal nicht ungewöhnlich sei. Immer wieder müßten Unterwasserjäger ihren Obolus an die Haie abtreten, aber noch nie sei ein Angriff gegen Menschen vorgekommen. Es sei lediglich notwendig, die erlegten Fische, die an dem Ballon befestigt waren, möglichst weit weg von sich zu halten und keinen Widerstand zu leisten, wenn der Hai es auf die frische Beute abgesehen hatte: man mußte sie ihm überlassen, gute Miene zum bösen Spiel machen, der Hai würde sich, nachdem er seine Beute verspeist hatte, schon wieder entfernen.

Für die Menschen scheint der Hai, im Gegensatz zu anderen Fischen, von geringem Wert. Er liefert kein Fett, das als Lampenöl verwendet werden kann, kaum Öle, die zu Kosmetika verarbeitet werden und auch keine Knochen, die man zermahlen und an Vieh verfüttern kann. Man hält ihn nur für bösartig, weil er Schwimmer im Meer anfällt, und den Menschen, der eigentlich seit Jahr-

Seite 20–21 Eine ganze Gruppe von Menschenhaien drängt sich in den seichten Gewässern entlang eines australischen Strandes. Die Küsten dieses Kontinents sowie die von Südafrika und Kalifornien gelten als besonders häufig von Haien frequentiert. Um die Strände zu schützen, wird in vielen Ländern eine Art Einzäunung der Uferregionen betrieben. Vor der Küste ausgebreitete Netze sollen die Haie daran hindern, in die Nähe der wehrlosen Schwimmer zu gelangen. Obwohl sich diese Art der Haiabwehr als durchaus wirkungsvoll erwiesen hat, muß wegen der hohen Kosten für Installation und Instandhaltung der Netze noch an vielen Küstenstreifen darauf verzichtet werden.

hunderten nicht mehr durch Raubtiere bedroht ist, tötet und verschlingt. Der Hai weist den Menschen, der sich selbst als Krone der Schöpfung empfindet, wieder auf den Platz des wehrlosen Opfers.

Tatsächlich aber verhält es sich ganz anders – auch den Haien wird nachgestellt. Laut der FAO, der Ernährungs- und Landwirtschaftsorganisation der Vereinten Nationen, wurden 1990 weltweit 709 000 Tonnen Haie gefangen: Die Chinesen verzehren die Flossen, die die Grundlage einer exotischen Suppe bilden. In Zentral- und Lateinamerika, Indien, Indonesien und Malaysia gehört das Haifleisch zu den täglichen Nahrungsmitteln. Italien hat im Jahre 1991 13 000 Tonnen von Blauhai, Makos und Schwarzflossenhaien, als Schwertfische deklariert, importiert. Der kleine Squalus spinosus, der in großen Mengen im nördlichen Atlantik gefangen wird, bildet die Basis der deutschen Fischspezialität »Schillerlocken« und dient in England zur Zubereitung der berühmten »fish 'n' chips«. Aus der Vitamin-A-haltigen Leber des Hais lassen sich Substanzen gewinnen, die anscheinend Wunder gegen Falten bewirken und in der Kosmetik genutzt werden; aus der Haut werden Schuhe, Taschen und Gürtel sowie Leder zum Polieren von Möbeln hergestellt. Die Zähne sind, in Gold oder Silber gefaßt, begehrte Schmuckanhänger. Aus dem Knorpelskelett wird ein Stoff gewonnen, der bei Chemotherapien gegen Tumore eine unterstützende Wirkung hat. In den Schaufenstern von Juwelieren ist häufig das Kristall aus dem Auge des gefürchteten Carcharodon carcharias, das einer Glasmurmel ähnelt, zu finden.

In Ozeanien gilt der Hai als Gott des Meeres. Sicherlich, er wird auch hier gefürchtet – aber er wird auch als Beschützer geliebt, der dem Menschen, der auf ihn vertraut, hilft. Die Bewohner des Tuamotu-Archipels lebten bis vor wenigen Jahren ausschließlich vom Fischfang und mußten ihre Beute aus dem Meer stets gegen die gierigen Raubfische verteidigen. Jeder der Fischzüge, bei denen Thunfische gefangen werden, kommt einer Einladung für die stets hungrigen und unersättlichen Haie gleich. Die Beziehung zwischen Mensch und Hai, die auf diesen Inseln schon immer so unmittelbar und alltäglich war, ist noch heute von Angst, aber genauso auch von Anbetung geprägt, von

Seite 22–23 Manchmal lassen Walhaie, diese großen, aber harmlosen Meerestiere, Taucher ganz nah an sich herankommen. Einige Exemplare sind bis zu fünfzehn Meter lang. Man weiß sogar von Tieren, die bei einem Gewicht von über 20 Tonnen bis zu 18 Meter messen. Mit den Walen, von denen sie ihren Namen ableiten, haben sie außer der Art der Nahrungsaufnahme nichts gemein. Walhaie leben fast ausschließlich in warmen Meeren und verlassen nur selten die tropische Zone. Eines der wenigen Gebiete, in denen man diesen Riesen begegnen kann, ist das Ningaloo Reef vor der Westküste Australiens, wo auch diese Aufnahmen entstanden.

Seite 23 oben Der Walhai zählt zu den von der Wissenschaft bisher kaum erforschten Fischen, wohl auch, weil er mangels Verwertbarkeit nie ein begehrtes Jagdobjekt gewesen ist. Es ist nicht einmal geklärt, wie viele Exemplare in den Weltmeeren vorkommen und inwieweit das Überleben dieser Art bereits gefährdet ist.

Liebe und Furcht ebenso wie von Haß und Ergebenheit. Es gibt zahlreiche mündlich überlieferte Sagen, in denen Haie als helfende Begleiter der Fischer in ihren Einbäumen geschildert werden, wie sie aus den Abgründen des Meeres auftauchen, um dem Bruder Mensch, der sich in Gefahr befindet, zu Hilfe zu eilen. In den Mythologien vieler Völker spielen die Haie eine nicht unbedeutende Rolle, häufig tauchen sie auch in deren Sternbildern auf. Diese Himmelskonstellationen waren für die Griechen der Oriongürtel, für die südamerikanischen Warran-Indianer war es das fehlende Bein des Nohi-Abassi, des Mannes, der sich seiner Schwiegermutter entledigen wollte und einen Hai dressierte, sie zu verschlingen. Aber eine Schwägerin verwandelte sich in einen Hai und biß ihm ein Bein ab und Nohi-Abassi verblutete. Sein Bein irrte in einer Region des Himmels umher, während sein Körper in einer anderen verblieb. Auf den Salomoninseln lebten die verehrten Haifische in eigens für sie ausgehöhlten Kavernen. Noch heute ist für vietnamesische Fischer der Walhai der »Co Ong«, »Herr der Fische«. Als die Amerikaner den Stützpunkt Pearl Harbor errichteten, entdeckten sie ein halbversunkenes Amphitheater, in dem die antiken Könige der Hawaiinseln einen Gladiator gegen einen Hai kämpfen ließen. Der Kämpfer war nur mit einem kurzen Dolch bewaffnet, auf dessen Holzgriff der Zahn eines Hais gefaßt war. »Same Hito«, der Hai-Mensch, ist in der japanischen Mythologie der Gott der Unwetter. Und tatsächlich ist der Hai aus den Legenden Nippons so furchterregend, daß die Chinesen während der japanischen Invasion 1937 versuchten, sich zu wehren, indem sie den teuflischen Kopf eines Tigerhais als Talisman wählten, den sie vorne an ihren Kampfflugzeugen befestigten. Und die Jagdflugzeuge der Amerikaner hatten während des Kriegs im Pazifik die Spitze so bemalt, daß sie wie der Kopf eines Hais erschien, mit spitzen Zähnen und offenem Maul, bereit, den japanischen Feind zu verschlingen.

Seite 24 oben Ein Sandtiger (Odontaspis taurus) inmitten eines Schwarms kleinerer Fische, denen seine Anwesenheit offenbar keine Angst macht. Während der Zeit, in der die Weibchen ihren Nachwuchs zur Welt bringen, unterbrechen sie die Nahrungsaufnahme völlig; dabei handelt es sich wahrscheinlich um einen Mechanismus, der verhindert, daß die Muttertiere ihre eigenen Jungen fressen.*

Seite 24–25 Während der sogenannten »Freßwut« geraten die Haie in einen immer größeren, nur schwer unter Kontrolle zu haltenden Zustand der Erregung. Teilweise kommt es auch vor, daß sich die Tiere gegenseitig angreifen und beißen. Möglicherweise handelt es sich dabei jedoch nicht um ein natürliches, sondern um ein durch den Menschen hervorgerufenes Verhalten. Denn in der Tat ist dieses Phänomen besonders häufig dann zu beobachten, wenn große Mengen von Futter als Köder ins Wasser geworfen werden, also vorzugsweise bei der Hochseefischerei. Genaue Beobachtungen in diesem Zusammenhang konnten mit Grauen Riffhaien gemacht werden. Sie haben sich während der »Freßwut« gegenüber dem Menschen nie angriffslustig gezeigt, ganz im Gegenteil, es schien ihnen völlig gleichgültig zu sein, was um sie herum geschah.*

Der Weisse Hai

Es gibt keinen Zweifel, Haie üben auf den Menschen eine große Faszination aus. Das erste bildliche Zeugnis einer Haiattacke auf einen Menschen wurde bei archäologischen Ausgrabungen auf Ischia, der Vulkaninsel, die im Nordwesten den Golf von Neapel abschließt, gefunden. Es handelt sich um eine bemalte Keramikvase aus dem Jahr 725 v. Chr. Anderthalb Jahrhunderte später, im Jahr 492 v. Chr., schrieb Herodot über den Angriff eines Meeresungeheuers auf einen Menschen. Der griechische Historiker spricht darin nicht von einem Hai, denn zu seiner Zeit kannte man nur den Begriff »keté«, Meeresungeheuer, der vor allem auch in bezug auf Wale verwendet wurde. Der Dichter Leonidas von Tarent beschrieb den Angriff eines »keté« auf Tharsys, der sich mit dem Tauchen nach Schwämmen sein Brot verdiente. Als dieser wieder einmal vom Tauchen an die Wasseroberfläche zurückkehrte, wurde er, gerade in dem Augenblick, in dem er in sein Boot klettern wollte, in zwei Teile gerissen. Mit bemerkenswerter sprachlicher Eleganz, aber auch mit einem unfreiwillig makaberem Unterton, berichtet Leonidas, wie die Kameraden des unglücklichen Tharsys dessen obere Hälfte beerdigten, während die untere im Rachen des furchtbaren Raubtieres verschwand. Bis in unsere Tage mehrte sich die Zahl solch erschreckkender Schilderungen: ein englischer Chronist, der sich im Jahr 1580 in Portugal nach Indien einschiffte, schreibt von einem Mann, der bei einem heftigen Sturm über Bord geschleudert wurde. Alle Versuche, ihm mit einem hölzernen Rettungsring zur Hilfe zu eilen, waren vergeblich. Vor den Augen seiner machtlosen Gefährten wurde der Mann, dem es gelungen war, sich an das Holz zu klammern, von einem Hai in Stücke gerissen. Im Jahr 1776 wagte der französische Wissenschaftlicher Thomas Pennant eine Beschreibung des Carcharodon carcharias: »Das Tier erreicht immense Ausmaße. Es heißt, man habe im Magen eines Exemplares schon einen gesamten menschlichen Körper entdeckt, was durchaus nicht unglaubwürdig ist, wenn man seine Vorliebe für Menschenfleisch bedenkt. Sie sind der Alptraum aller Seefahrer in den wärmeren Regionen, wo sie ständig Schiffen folgen, um sich aller Dinge zu bemächtigen, die von Bord fallen. Sollte einem

Seite 26–27 Zu den auffälligsten Merkmalen des Weißen Hais (Carcharodon carcharias) zählen sein starrer Blick, der überaus kräftige Körper und die riesigen, dreieckigen und gezackten Zähne. Ein durchschnittlich großes Exemplar wiegt etwa 700 Kilogramm und kann bis zu 60 Stundenkilometer schnell schwimmen, wenn es einer Beute nachstellt. Über die Motive des Weißen Hais, Menschen anzufallen, besteht unter den Forschern keine Einigkeit. Einige teilen die Auffassung, das Tier sähe in einem Schwimmer eine Beute wie jede andere auch. Andere wiederum glauben, viele der Attacken seien dann, wenn sie nicht zu Ende geführt wurden, als Irrtümer von seiten der Haie zu bewerten. Diese würden das Opfer zwar zunächst instinktiv mit den Zähnen packen, aber wieder loslassen, wenn sie merkten, daß es sich dabei nicht um eines der üblichen Beutetiere handelte.

Seite 28–29 *An den Küsten Australiens stellt das Auftreten des Weißen Hais einen unwiderstehlichen Reiz für abenteuerlustige Taucher dar, die auf der Suche nach neuen Herausforderungen sind. In den Regionen, wo der Weiße Hai, auch »Weißer Tod« genannt, besonders häufig anzutreffen ist, zum Beispiel im berühmten »Dangerous Reef«, versenkt man die Taucher in Schutzkäfigen. Auf diese Weise ist eine Begegnung mit dem Weißen Hai ohne größere Gefahren möglich.*

Menschen dieses Unglück widerfahren, ist er hoffnungslos verloren. Man hat beobachtet, als sich diese Untiere auf Menschen stürzten, wie Jagdhunde auf Wildschweine. Ihretwegen kommen häufig Schwimmer ums Leben. Manchmal kommt es vor, daß sie nur einen Arm oder ein Bein verlieren, wenn sie nicht von diesen unersättlichen Wesen zerfleischt werden.«

Symbol derartiger Schreckensszenarien ist vor allem eine der 354 Haiarten, deren physiologische Voraussetzungen eine perfekte Anpassung an ihren Lebensraum ermöglichen, und die mit wissenschaftlicher Logik von manchen Gelehrten als »degeneriert« bezeichnet wird. Es handelt sich um den Carcharodon carcharias, den Weißen Hai, White Pointer, Weißer Vorstehhund in Australien, Mano Ni-uhi auf Hawaii, Blauhai in Südafrika, oder auch Weißer Tod in vielen anderen Ländern, vor allem in den USA. Er ist mit Sicherheit kein gewöhnlicher Hai. Der Amerikaner Jim Crockett schreibt in einer Monographie über dieses Tier: »Ein Freund von mir schwört, Gott gesehen zu haben. Ich habe schon den großen Weißen Hai gesehen. Nun gut, man könnte sagen, uns ist fast das gleiche passiert.« In Wahrheit ist das Vorkommen von großen Weißen Haien mittlerweile aber ein einträgliches Geschäft für findige Reiseveranstalter geworden. Mit Innereien und Blut von Pferden und Rindern werden die Haie angelockt, und sobald sie sich zeigen, kann man sich in vergitterten Stahlkäfigen in die Tiefe senken lassen und aus unmittelbarer Nähe filmen und fotografieren. Sich im Aktionsradius eines Weißen Hais aufzuhalten, ohne zu wissen, daß das Tier wirklich satt ist, bedeutet höchste Gefahr für Taucher und Schwimmer. Greift ein Hai an, gibt es kaum eine Rettung, auch die Tips einschlägiger Überlebenshandbücher von Marine und Luftwaffe, wie sie über die halbe Welt verbreitet sind, erweisen sich als nutzlos. Einer dieser Ratgeber empfiehlt Faustschläge auf die Nase des Tieres. Doch wer von einem Stahlkäfig aus schon einmal ein fünf Meter langes und etwa 1300 Kilogramm schweres Weibchen gesehen hat, wie es mit seinen runden, entschlossenen schwarzen Augen und dem mit rasiermesserscharfen dreieckigen Zähnen besetzten, sechzig Zentimeter weit aufgerissenem Maul auf die Gitterstäbe zuschwimmt, weiß, daß bei einer Attacke an Verteidigung nicht zu denken ist. Wenn der Hai jedoch nicht hungrig ist, verhält er sich wie andere fleischfressende Tiere auch und greift nicht an. Hier ist jedoch zu bemerken, daß wir Menschen gerne vergessen, daß wir die einzigen Lebewesen sind, die das Töten zu einem Sport gemacht haben. Tiere töten nur, um ihr Territorium zu verteidigen, oder um sich zu ernähren. So verhält sich auch der Hai. Zu jeder Zeit und in jeder Kultur jagte den Menschen die Vorstellung, lebendig gefressen zu werden, Schauder über den Rücken. Natürlich ist es möglich, von allen »wilden« Tieren angefallen zu werden. Doch gegenüber einem Löwen, einem Leoparden oder einem Wolf glauben wir, uns in Sicherheit bringen zu können, indem wir auf einen Baum klettern, uns in ein Haus flüchten, einen Speer, ein Gewehr oder eine andere Waffe zur Hand nehmen. Aber diese Chancen bestehen bei der Begegnung mit einem hungrigen Hai nicht. Doch es sind auch Fälle bekannt, bei denen Men-

schen nicht getötet, aber schwer verletzt wurden. Der spektakulärste Fall ist die Geschichte des australischen Tauchchampions Rodney Fox, der 1963 bei den nationalen Tauchmeisterschaften von einem nicht ganz drei Meter langen Hai angefallen und in die linke Körperseite gebissen wurde. Nur einer Reihe von glücklichen Umständen war es zu verdanken, daß sich der junge Mann in weniger als einer Stunde nach dem Angriff im Operationssaal wiederfand. Die Diagnose der Chirurgen lautete folgendermaßen: Magen, Lunge und die Rippen der linken Körperhälfte freigelegt. Nach einem vierstündigen Eingriff und nachdem er mit 462 Stichen genäht worden war, befand sich Rodney Fox außer Lebensgefahr. Heute taucht er bereits wieder und gilt weltweit als eine Kapazität in der Verhaltensforschung über Haie. Wohl einzigartig ist der Fall des eingeborenen australischen Tauchers Iona Asai: Er wurde von dem Tier zuerst am Kopf gepackt, bewahrte aber die Ruhe und schlug den Hai mit den Händen, die noch nicht zwischen den fürchterlichen Kiefern verschwunden waren, auf die Augen, bis der Fisch seine Beute losließ.

Xavier Maniguet wollte, daß ein Abschnitt seines Buches entfallen sollte, um sensible Leser nicht zu erschrecken. Darin sollten Farbfotografien von Menschen, die von Haien verletzt wurden, und Aufnahmen vom Mageninhalt gefangener Haie, die Schädel, Füße, Hände, Arme und Rümpfe der Opfer zeigen, vorgestellt werden.

Der Mensch hat zwischenzeitlich aber gelernt, daß die Meeresräuber, wie sie in Abenteuerromanen und Filmen vorkommen, wirklichkeitsfremd und übertrieben dargestellt wurden. So lebt etwa der Schwertwal mittlerweile in großen Aquarien, und sollte er in einem Film als verabscheuungswürdige Bestie mit teuflischer Intelligenz erscheinen, gibt dies eher Anlaß zum Schmunzeln und weniger zum Fürchten. Ebenso haben wir gelernt, auch die Haie zu respektieren, ohne sie als unnahbare und gefräßige Ungeheuer zu betrachten, die man verfolgen und töten muß.

Seite 30–31 *Da es weitaus schwieriger ist, als man gemeinhin glaubt, auch wirklich einem Weißen Hai zu begegnen, müssen Boote, die für das »shark watching« ausgerüstet sind, oft tagelang umherfahren, bis sie auf Haie stoßen. Angelockt werden die Tiere durch regelmäßig ausgeworfene Fleisch- und Fischköder.*

Seite 31 oben *Der Biß eines Hais ist deshalb besonders folgenreich, weil das Tier dazu in der Lage ist, den Kiefer im geeigneten Augenblick nach außen zu schieben. Diese Technik wurde mit Fotogrammen eingehend studiert und analysiert. Dabei stellte sich heraus, daß sich während des Zubeißens der Oberkiefer der Haie bis zu 40 Grad gegenüber der Längsachse des Körpers hebt, während sich der Unterkiefer bis zum Gaumenquadrat senkt. Zähne und Zahnfleisch sind so auf eindrucksvolle Weise nach außen gerichtet.*

Seite 32–33 *Dieser Weiße Hai, der im Meer vor Australien fotografiert wurde, hatte auf dem Maul und entlang der Körperseiten mehrere Schnitte und Wunden. Sie können von Artgenossen stammen oder sind die Folge einer stürmischen Paarung.*

Seite 34–35 Nicht immer bietet der Schutzkäfig gegenüber einem Weißen Hai eine hundertprozentige Sicherheit. Es scheint, als würden diese Räuber durch das Metallgitter im Wasser geradezu angezogen. Dies mag mit der außergewöhnlichen Sensibilität der Haie für schwache elektrische Ströme zusammenhängen, die von der Elektronik der Kameras der Taucher ausgehen.

Seite 36–37 Der Weiße Hai ist außerordentlich aggressiv, und die Natur hat ihn mit tödlichen Waffen für seine Beutezüge ausgestattet. Obwohl er aus diesem Grund keine natürlichen Feinde hat, ist er trotzdem, wie zahlreiche andere Tierarten auch, vom Aussterben bedroht. Südafrika war das erste Land, das erkannte, daß der Weiße Hai gefährdet ist, und hat Gesetze zum Schutz dieser Tiere verabschiedet.

Der Tiger mit den schwarzen Streifen

Der Tigerhai, Galeocerdo cuvieri, ist bei der Bevölkerung Ozeaniens noch mehr gefürchtet als der Weiße Hai. In der Tat trifft der Name »Menschenfresser« auf den Tigerhai noch mehr zu. Zwar ist er nicht unbedingt wilder als der Weiße Hai. Aber während sich dieser vor allem im offenen Ozean auf Beutezug begibt, bevorzugt der Tigerhai die seichten küstennahen Gewässer, wo die Menschen baden und Fischer ihre Netze und Köder auswerfen. Sein Name erklärt sich durch sein Erscheinungsbild: Vom Rücken aus gehen dunkelbraune, fast schwärzliche Streifen, die an die eines Tigers denken lassen und vor allem bei den jungen Tieren sehr gut zu sehen sind. Mit zunehmendem Alter verlieren sich die Streifen, und die Tigerhaie werden dann am ganzen Körper einheitlich grau oder bräunlich. Der Tigerhai hält sich meist in der Nähe der Küsten auf und bevölkert sämtliche mäßig warmen und tropischen Meere der Welt. Entlang der Küsten Südafrikas, um die Philippinen, im indopazifischen Raum und in den Gewässern der Karibik ist der Tigerhai die am häufigsten anzutreffende Haiart. In Australien meldeten die Anti-Hai-Patrouillen, die den Ozean in Flugzeugen und Helikoptern überwachen, fünfmal so viele Tigerhaie wie andere Arten. Er liebt ruhige Gewässer, Vulkaninseln und steil abfallende Küsten, entlang denen reiche Jagdgründe zu finden sind; er paßt sich problemlos an verschiedenen Umgebungen an, schwimmt auch in Trichtermündungen von Flüssen und in Hafenbecken und hält sich genauso gern in Atollen und Lagunen auf. Die gefährlichen, riesigen Meereskrokodile, die die Bucht von Wijinkoop an der Südküste Javas bevölkerten, sind im Laufe weniger Jahre von den Tigerhaien, die ihren Platz einnahmen, im wahrsten Sinne des Wortes vertrieben worden. Und es scheint durchaus nicht so, als hätten die Fischer der Region durch diesen Wechsel profitiert.

Offensichtlich begibt sich der Tigerhai am liebsten in den Nachtstunden auf Jagd und verbringt den Tag in frischen, tiefen Gewässern, teilweise versteckt in Felsspalten und Höhlen. Er ist ein guter Schwimmer, bewegt sich langsam und entspannt, jedoch sehr kraftvoll. Sowie er eine Beute erblickt, wird er sofort aktiv. Seine Ernährungsgewohnheiten gleichen denen des Weißen Hais: Er frißt alles und wird aus diesem Grund auch »Hyäne des Meeres« genannt. Der Tigerhai gehört zu den besonders gefährlichen Arten, da er, abgesehen von seinen Körpermaßen und seinen beeindruckenden Zähnen, deren Form als »hahnenkammartig«, »als ähnlich einer Jakobinermütze« oder als »herzförmig« beschrieben werden, bei der Auswahl seiner Nahrung nicht sehr wählerisch ist. Wenn er hungrig ist, verschlingt er eigentlich alles, was ihm begegnet.

Der Geruchssinn des Tigerhais ist außerordentlich gut entwickelt und in der Lage, auch nur sehr schwache Düfte wahrzunehmen, sowie eine Nahrungsquelle zu orten. Schildkrötenfischer auf den Seychellen erzählen, daß sie schon Tausende von Seemeilen zurückgelegt haben, ohne einen einzigen Hai zu sehen. Aber sobald sie ihre Netze mit dem Fang einholten, tauchte sofort ein Tigerhai im Kielwasser ihres Bootes auf.

Als räuberisches und aasfressendes Tier verschlingt er eine große Zahl an Knochenfischen, darunter auch Muränen, Hechte und Seezungen; aber auch andere Haiarten, wie den Sägehai (Pristiophorus schroederi), den Grauen Riffhai (Charcharhinus amblyrhynchos), den Hammerhai und sogar seine eigenen kleineren und jüngeren Artgenossen zählen zu seinen Opfern. Der Tigerhai frißt auch Meeresreptilien, vor allem Schildkröten, sowie die Meerschlangen im Indischen Pazifik, deren starkes Gift offensichtlich keine Wirkung zeigt. Leguane der Galapagosinseln werden ebenso gefressen wie Vögel, die in die Fänge des Tigerhais geraten sind. Fregattvögel, Kormorane, Pelikane und andere Tiere, die es wagen, sich im Wasser aufzuhalten, während ein Galeocerdo cuvieri in der Nähe ist, stehen auch auf seinem Speiseplan. Zu den Meeressäugetieren, die der Tigerhai am häufigsten anfällt, zählen Seelöwen, Seehunde, Delphine und bereits tote Wale. Weder Krustentiere noch wirbellose Tiere wie Langusten oder Kraken entkommen ihm, ebensowenig wie Aas vom Festland, das im Meer verendet. Er macht nicht einmal halt vor industriell gefertigten Gegenständen: Lederjacken, Wollknäuel, Seide, Federn, Plastiktüten, kleine Kanister, Büchsen und Metallabfälle – all dies wird von seinem Magen verdaut. Besonders gut versteht er sich darauf, Fische, auch Artgenossen, anzugreifen, die bereits an einer

Seite 38–39 Nach dem Weißen Hai ist der Tigerhai (Galeocerdo cuvieri) die am meisten gefürchtete Raubfischart. Er bekam seinen Namen wegen der Streifenzeichnung am Rükken, die bei den jüngeren Tieren als längliche Flekken erscheinen. Der Tigerhai gehört zu den gefräßigsten Arten. Im Magen einiger Exemplare fand man schon verschiedenste Gegenstände, Mineralwasserflaschen, Konserven, Sardinenbüchsen, Autokennzeichen und auch Überreste menschlicher Körper. Zu seiner alltäglichen Beute zählen jedoch Fische, vor allem andere Haiarten und Rochen, Schildkröten, Delphine und Schweinswale, Meeresvögel, Krustentiere und Mollusken. Auch der Tigerhai ist eine gefährdete Art, die Menschen schätzen sein Fleisch, das beispielsweise in Westindien häufig gegessen wird. Auch die Haut dieses Raubfischs wird verarbeitet und erzielt durch ihre hohe Qualität sehr gute Preise.

Angel hängen oder in einem Fischernetz gefangen sind. Oft kostet ihm diese Gier jedoch das Leben, da er mit seiner Beute auch den Angelhaken verschlingt. Die dadurch geschädigten Fischer verstehen sich darauf, den Schaden auf ihre Weise wiedergutzumachen. Sie verlieren zwar einen Teil der Beute, erhalten aber dafür einen Tigerhai. Die Haut dieses Tieres ist, wenn sie fachgerecht gegerbt wird, sehr widerstandsfähig. Mit Haifischhaut bester Qualität werden Bücher gebunden, Schuhe, Taschen oder Gürtel gefertigt, während die einfacher gegerbte Haut dazu verwendet wird, um Möbel zu polieren. Die Haut des Galeocerdo cuvieri ist mit Abstand die teuerste und begehrteste. Das Leder ist elastischer als das von Rindern oder Schweinen und wesentlich strapazierfähiger. Die Zähne des Tigerhais werden für den Souvenirmarkt in Gold oder Silber gefaßt als Anhänger verkauft. Durch diese verschiedenen Verwertungsmöglichkeiten wird der Tigerhai in Indonesien gezielt gejagt. Mit ausgeklügelten Methoden verfolgen auch die Einwohner der Gilbert-Inseln den Tigerhai. Sie benutzen dazu eine kurze Angelschnur mit Haken und Köder, die direkt an einem kleinen Kanu, das von einem Mann gesteuert wird, befestigt ist. Sobald der Tigerhai angebissen hat, läßt man ihn sich bis zur Erschöpfung austoben und stundenlang das Boot umkreisen, bis er erschöpft ist, um ihn schließlich an Bord zu ziehen und mit Knüppeln zu erschlagen.

Seite 40–41 Von der Biologie des Tigerhais weiß man bislang nur wenig, denn wie viele seiner Verwandten ist auch diese Art nur schwer in ihrer natürlichen Umgebung zu studieren. Aus Beobachtungen, die in der Karibik gemacht wurden, wo der Tigerhai sehr häufig vorkommt, weiß man, daß das Tier vorwiegend nachts aktiv ist und nicht selten auch in seichtere Gewässerzonen vordringt. Der bis zu fünfeinhalb Meter lange Tigerhai ist der größte unter den Menschenhaien. Eher bedächtig und würdevoll in seiner Fortbewegunig, kann er plötzlich seine Geschwindigkeit beschleunigen, um eine Beute zu verfolgen.

Seite 42–43 Auch ohne die tigerartige Körperzeichnung, der er seinen Namen verdankt, die aber mit zunehmendem Alter verblaßt, ist der Tigerhai leicht zu erkennen: Typische Merkmale sind der große Kopf und die kleine Schnauze mit dem breiten Maul. Charakteristisch sind auch die an den Rändern gezackten und nach einer Seite hin gekrümmten Zähne.

Seite 44–45 Die aus dem Maul hervorstehenden Zahnreihen geben dem Sandtiger ein martialisches Aussehen, er wird jedoch als eine für den Menschen ungefährliche Art eingestuft. Seine Zähne eignen sich nur zum Fang kleinerer Beutetiere, wie Fische, Kopffüßer und Krustentiere. Von eher träger Wesensart, hält sich der Sandhai auch in Küstennähe auf, wo er auf dem Meeresboden ruht. Seine Verbreitung reicht im Atlantik entlang der amerikanischen Küste vom Golf von Maine bis zum Golf von Mexiko und von Südbrasilien bis Argentinien. Ebenso kommt er im Mittelmeer und an der afrikanischen Westküste bis nach Kamerun vor, aber auch im Roten Meer, in Südafrika, in Japan, Indonesien und an den australischen Küsten.

DER SANDTIGER

Eine der wohl erschreckendsten Erscheinungen, die man im Tierreich beobachten kann, ist die des angreifenden Sandtigers, Odontaspis taurus. Die Australier nennen ihn Grey nurse, Graue Amme. So entsteht fälschlicherweise der Eindruck, es handle sich um einen Hai, der sich eher defensiv verhält. Die amerikanische Bezeichnung Sand tiger shark, Sandtigerhai, oder der südafrikanische Name Spotted ragged tooth shark – was etwa mit »Hai mit den fleckigen, unregelmäßigen Zähnen« zu übersetzen ist, sind schon wesentlich zutreffender.

Die Form der Zähne von Haien ist je nach ihrer Funktion sehr unterschiedlich. Meist sind sie dreieckig und an den Rändern gezackt, also ideal, um eine Beute zu zerreißen und zu zerteilen.

Die gebogenen Zähne des Sandtigers und des Heringshais sind dagegen in der Lage, die Beute zu packen und festzuhalten, bis sie schließlich im Ganzen verschlungen wird.

Der Sandtiger befindet sich stets auf Wanderschaft, bevorzugt hält er sich in küstennahen, flachen Gewässern auf, und ist in allen tropischen, warmen Meeren zu Hause, je nach Jahreszeit in denen der südlichen, als auch in jenen der nördlichen Hemisphäre. Für seine langen Wanderungen ist es unerläßlich, gewisse naturgegebene Nachteile auszugleichen. Wie alle anderen Haie auch, hat er keine Schwimmblase. Also füllt er den Magen an der Wasseroberfläche mit Luft, um sich unter Wasser entsprechend auszutarieren.

In Südafrika hat er schon viele Schwimmer angegriffen. In Australien ist sein schlechter Ruf eventuell ungerechtfertigt. Hingegen ist er selbst ein Opfer unkontrollierter Jagd. Taucher mit Harpunen, die mit explosiven Aufsätzen versehen sind, setzen ihm schwer zu. Er gehört somit zu den Arten, die großer Bedrohung ausgesetzt sind.

Seite 46 Der Sandtiger ist ein begehrtes Jagdobjekt der Fischer und Angler. Aus dem Fleisch dieser Tiere werden besonders in Japan schmackhafte Gerichte zubereitet.

Seite 47 Sandtiger sind vor allem nachts aktiv, während sie tagsüber auf dem Meeresgrund in Ruhestellung verharren. Weil er als nicht sonderlich aggressiv gilt und sich erstaunlich problemlos an das Leben in Gefangenschaft gewöhnt, ist er häufig Objekt der Haiforschung.

Seite 48–49 Die Länge eines erwachsenen Sandhais beträgt etwa zwei bis drei Meter. Das größte bislang bekannte Exemplar maß 318 Zentimeter. Jungtiere sind bei der Geburt etwa einen Meter lang.

Die Geheimnisse des Hammerhais

Seite 50–51 Im mexikanischen Cortez-Meer versammeln sich zu bestimmten Jahreszeiten Hammerhaie in großer Zahl bei der Untiefe El Bajo. Mehr als 200 Haie der Art Sphyrna lewini kommen hier aus bislang unbekannten Gründen zusammen. Forscher vermuten, daß dieses Verhalten mit Wanderungsbewegungen oder der Fortpflanzung in Zusammenhang steht.

Brausend und schäumend verdunkelt sich das Meer. Wie eine Wolke nähern sich die Hammerhaie. Sie und der Ozean scheinen eins zu sein. Immer mehr von ihnen ziehen vorüber. Es scheint fast so, als würden sie einen großen Kreis beschreiben, und als wären es immer dieselben, die vorneweg schwimmen. Aber dem ist nicht so. Sie schwimmen geradeaus, ohne von ihrer Route auch nur eine Handbreit abzuweichen, gerade so als ob sie sich auf dem Weg zu einer geheimnisvollen Zusammenkunft befänden. Dann ist plötzlich auf einmal alles vorbei. Ebenso unvermittelt wie das Schauspiel begonnen hat, ist es auch beendet. Die Hammerhaie sind nicht mehr zu sehen, sie sind im Blau des Meeres verschwunden.

Auch vor den Galapagosinseln kann man große Gruppen von Hammerhaien beobachten. Die Angehörigen der Gattung Sphyrna weisen eine Länge von knapp einem bis zu fünfeinhalb Metern auf. Die Art lewini ist wohl die bekannteste unter den Hammerhaien. Sie bevölkert alle tropischen Meere und hält sich mit Vorliebe in Küstennähe oder bei Inseln auf.

Der Mexikaner Ramoń Bravo war der erste, dem es je gelungen ist, diese Ansammlung von Hammerhaien, Sphyrna zygaena, oder noch genauer Sphyrna lewini, zu filmen. Die Sequenz, die er gedreht hatte, war ein Ausschnitt im Film »Die guten Ungeheuer des Meeres« von Bruno Vailati. Man wollte damit viele Meerestiere, die oft aufgrund von Unkenntnis und Ignoranz einen »schlechten Ruf« haben, entmythologisieren und über ihr tatsächliches Verhalten und ihre Lebensweise aufklären.

Die Hammerhaie versammeln sich nur zu gewissen Zeiten und nur in ganz bestimmten Wassertiefen. Ob die Zeit des Monsuns, die Wassertemperatur oder andere Gründe dieses Verhalten auslösen, ist noch ungeklärt. Geschäftig schwimmen sie dann umher und behalten aufmerksam die Taucher im Blickfeld ihrer Augen, die weit voneinander entfernt, jeweils ganz außen an dem riesigen Kopf sitzen. In Veröffentlichungen der FAO über Haie finden sich neben einer Abbildung und wissenschaftlichen Daten des Sphyrna zygaena auch der Hinweis, daß diese Tiere mit dem olivbraunen Rücken und dem weißen Bauch auch eine Gefahr für den Menschen darstellen können. Der Hammerhai ist in allen warmen und tropischen Meeren anzutreffen, im Ozean hält er sich mehr als im Mittelmeer in Küstennähe auf. Er wird maximal vier Meter lang und ernährt sich von Knochenfischen, Kopffüßern und Rochen. Man stuft ihn als potentiell gefährlich ein, da es leicht möglich ist, ihn mit seinen Artverwandten, dem Großen Hammerhai (Sphyrna mokkaran) zu verwechseln. Letzterer ist ebenfalls graubraun am Rücken und hell am Bauch, kommt aber nur selten in wärmeren Gewässern vor. Er kann durchaus länger als sechs Meter werden, weswegen die FAO in ihrer Informationsschrift auch zu größerer Vorsicht mahnt. Ansonsten gleichen die Gewohnheiten des Großen Hammerhais denen seiner kleineren Verwandten, wobei er allerdings als Futter Rochen und Feuerflundern, deren furchterregende Waffe, ein Dorn, der in der Mitte des langen, peitschenartigen Schwanzes sitzt, nicht verschmäht. Ein Exemplar eines großen Hammerhais, das in einem Fischernetz zugrunde gegangen war, wies fünfzig dieser Spieße auf der Zunge, im Gaumen und in der Kehle auf und hatte damit weitergelebt und sich weiter von diesen wehrhaften Tieren ernährt.

Vom Blickwinkel der physiologischen Funktionalität aus gesehen, kann man bislang noch immer nicht erklären, warum der Hammerhai ein solch eigenartiges Profil besitzt, das einem Amboß gleicht, an dessen Außenseiten die Augen sitzen. Auf vielen Inseln im Indischen und Pazifischen Ozean werden die Haie als heilige Tiere verehrt. In Neuseeland haben die Maori den Hammerhai zum höchsten ihrer Götter erkoren. Sie nenen ihn »Mangopare« und betrachten ihn als Glücksbrin-

ger. Auf verschiedenen Inseln im Pazifik sind Geschichten überliefert, die in den Haien Reinkarnationen verstorbener Menschen sehen. Vielleicht sind die riesigen Schwärme, die geordnet, langsam und feierlich im Ozean umherschwimmen, Versammlungen von Seelen in einem unterirdischen Paradies, in dem sich die Geister in beängstigender äußerer Form präsentieren und Waffen von grauenerregender Schlagkraft zur Schau tragen. Aber was sind nun die tatsächlichen Beweggründe für die Zusammenkünfte der Hammerhaie?

Man weiß, daß diese Raubfische biologischen Mechanismen unterliegen, sich in streng abgegrenzten Bezirken zu versammeln. Dies geschieht nur zu ganz bestimmten Zeiten, in denen sie auch nicht fressen. Taucher der Kalifornischen Bucht im Cortez-Meer kennen genau den Tag und die exakte Stunde, wenn das einzigartige Spektakel beobachtet werden kann. Wenige hundert Meter vom Ufer entfernt, in fünf bis dreißig Meter Tiefe schwimmen Hunderte von zwei bis vier Meter langen Haien nach Norden und halten dabei eine konstante Geschwindigkeit von wenigen Knoten ein. Es gilt als sicher, daß diese »Prozession« mit der Fortpflanzungsphase der Tiere, oder aber mit ihrer Suche nach besonderen Nahrungsquellen, in Zusammenhang zu bringen ist. Auch andere Meerestiere ziehen in diese Richtung, wenn die Hammerhaie in besonders großer Zahl den Golf von Mexiko durchqueren: Rochen, Teufelsfische und Wale beispielsweise. Bislang konnte noch nicht beobachtet werden, daß sich die Haie auf ihrer Wanderung Tauchern gegenüber feindselig verhalten hätten. Weder das Summen der Filmkameras, noch der Auslöser der Fotoapparate scheint die ansonsten geräuschempfindlichen Tiere zu stören. Einige Forscher vertreten die Meinung, die Sphyrna lewini würden sich auch in anderen Zonen, in größeren Tiefen, geschützt vor der Neugier der Menschen versammeln. Höchstwahrscheinlich dienen die Zusammenkünfte im Cortez-Meer dazu, die kleineren Hammerhaie vor Angriffen größerer Raubtiere zu schützen und um hierarchische Strukturen zu stabilisieren, die den Erhalt der Art garantieren sollen.

Seite 52–53 Viele Mutmaßungen wurden angestellt, weshalb sich beim Hammerhai im Laufe der Evolution die seltsame Schädelform herausgebildet hat. Die Tatsache, daß Augen und Nasenlöcher jeweils an den äußeren Enden des Kopfes sitzen, sorgt bei den Hammerhaien für einen außergewöhnlich gut ausgeprägten Seh- und Geruchssinn. Zudem könnte die vergrößerte Oberfläche des breiten Kopfes einer höheren Zahl von Elektrorezeptoren Platz bieten, die es ermöglichen, auch im Sand versteckte Beute aufzuspüren. Andere mögliche Vorteile des Hammerhaikopfes könnte eine größere Manövrierfähigkeit oder eine verstärkte Auftriebskraft sein. Vielleicht handelt es sich aber auch nur um ein Abschreckungsmittel gegen Angreifer. Mit großer Wahrscheinlichkeit erfüllt die seltsame Verbreiterung aber mehrere Funktionen und kann dem Tier auch zum Nachteil gereichen, weil der breite Schädel anderen Haien auch eine große Angriffsfläche bietet und somit sehr leicht verletzt werden kann.

Seite 54–55 Der Sphyrna mokarran ist der größte Vertreter aller Hammerhaie. Er kann mehr als sechs Meter lang werden. Sein Kopf ist an den Rändern gerade und sehr ebenmäßig geformt.

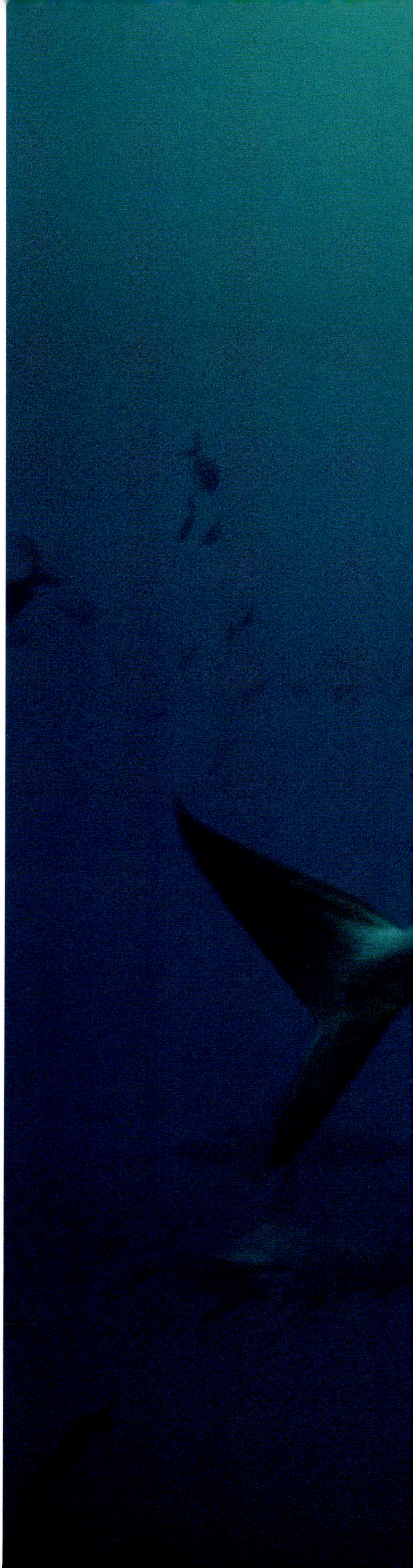

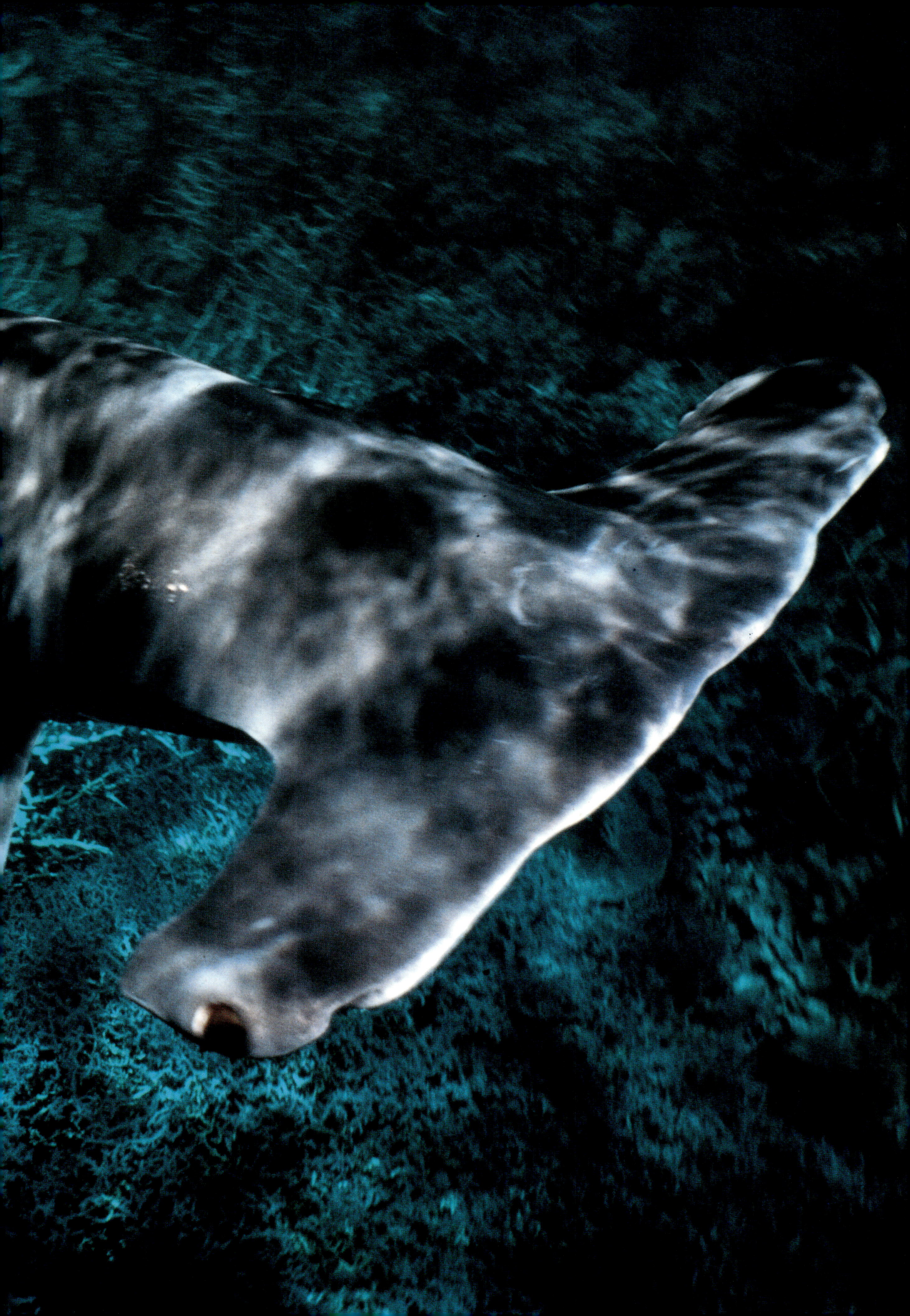

Seite 56 links Die Evolution hat mit der Familie der Hammerhaie nach Einschätzung der Paläontologen die jüngste innerhalb der Kategorie der Haie hervorgebracht. Die Rekonstruktion und Zuordnung von Knorpelfischfossilien erweist sich als äußerst schwierig, da von diesen Tieren nur die Zähne übrig bleiben. Man bedenke jedoch, daß die Sphyrnidae erst vor fünfundzwanzig Millionen Jahren zum ersten Mal auftauchten.

Seite 57 oben Obwohl sie sich vorzugsweise in der Tiefe aufhalten, nähern sich die Hammerhaie gelegentlich auch der Küste. Jungtiere der Art Sphyrna lewini kann man häufig in Ufernähe warmer Gewässer des tropischen Gürtels beobachten.

Seite 56–57 Ein Hammerhai in Begleitung eines Schwarms von Zackenbarschen der Gattung Paranthias, die im Englischen »creole flash« genannt werden.

Seite 58–59 Auf unserer Abbildung stehen sich Taucher und Hammerhai Auge in Auge gegenüber. Die größeren Arten gelten als gefährlich. So hat die »Shark Attack File« der amerikanischen Marine einige Fälle von Angriffen auf Taucher oder Boote registriert, bei denen die Tiere nicht vorher provoziert worden waren.

Der Makohai – eine begehrte Beute

Seite 60–61 Der Makohai (Isurus oxyrinchus) ist ein naher Verwandter des Weißen Hais, auch wenn er bei weitem nicht so gefährlich ist. Wie der Weiße Hai, ist auch er in der Lage, eine höhere Körpertemperatur im Vergleich zur Wassertemperatur zu halten, was

normalerweise nur warmblütigen Tieren gelingt. Diese Fähigkeit verleiht dem Mako Kraft und Schnelligkeit bei der Fortbewegung. Er ist in allen tropischen und warmen Meeren beheimatet, sowohl in den Küstengewässern als auch im offenen Ozean.

Vielleicht mag es einige Waghalsige geben, die, um ihre Furchtlosigkeit unter Beweis zu stellen, gegen einen Tigerhai zum Kampf antreten würden – mit einem Dolch zwischen den Zähnen, wie man es aus dem Kino kennt, mit allen nur erdenklichen Tricks und Erfahrungen, die sie schon in anderen schwierigen und gefährlichen Situationen angewandt haben. Niemals aber würden es selbst die mutigsten Fischer auf den Gilbertinseln riskieren, auf diese Weise auch einen Makohai anzugreifen. Der Makohai gehört zweifellos zu den schönsten Geschöpfen des Meeres. Der Isuropsis mako, der im Indischen und Pazifischen Ozean zu Hause ist, hat einen intensiv blauen Rücken und einen schneeweißen Bauch. Schnelligkeit, Angriffslust und Mut sind die herausragenden Eigenschaften dieses schlanken, wohlproportionierten Tieres. Ihm sehr ähnlich ist die zweite, nicht weniger faszinierende Art von Makohaien, der Isurus oxyrinchus, der den Atlantik und das Mittelmeer bevölkert. Beide Arten sind von Neuseeland bis Kalifornien im Pazifik und von Argentinien bis Neuseeland im Atlantik verbreitet. Aber es sind vor allem die warmen tropischen und subtropischen Gewässer, wo sich die gefährliche Aggressivität dieser Tiere offenbart. Unter den Fischen, die von den Sportanglern in Nordamerika gejagt werden, ist der Makohai der größte. Die Angler versichern, er sei der einzige Fisch, der dazu in der Lage ist, einen Köder, der sich bewegt, zu verfolgen und zu packen. Hingegen verschmäht er es, sich gierig auf irgendein verfaultes Aas zu stürzen, das reglos über Bord hängt. Um einen Makohai aufzuspüren und zu jagen, bedient man sich einer Technik, die in ähnlicher Form auch beim Fang von Thunfischen, Doraden, Schwert- und Segelfischen angewandt wird. Fischfutter oder blutender, zerkleinerter Fisch wird im Meer verteilt, und die Köder werden so präpariert, daß sie noch zappeln, als wären sie lebendig, wenn sie hinter dem Motorboot hergezogen werden. Sobald ein Makohai anbeißt, muß der Fischer sich an seinem Sessel festschnallen und vorsichtig der Angelschnur nachgeben und diese Zentimeter für Zentimeter einholen. Der Makohai versucht dann sich zu wehren, ebenso wie es auch ein Thunfisch tut und vollführt Sprünge aus dem Wasser. Dies hat auch schon Ernest Hemingway bezeugt, der sich rühmen konnte, einen Weltrekord zu halten. 1936 fing er auf hoher See in der Nähe von Bimini auf den Bahamas einen 340 Kilogramm schweren Isurus oxyrinchus. Während sich ein Tigerhai nur träge auf den Köder zubewegt, sich der Weiße Hai jedem beliebigen Opfer mit gesenktem Kopf nähert, der Blauhai seine Beute erst umkreist, stürzt sich der Makohai sofort auf den Köder. Noch nicht einmal dann, wenn man ihn gefangen hat, und er bereits auf den Bootsplanken hingestreckt ist, kann man sicher sein, ihn wirklich endgültig besiegt zu haben: scheinbar leblos daliegend, kann er plötzlich hochschnellen, um denjenigen zu packen, den er mit seinem fürchterlichen Maul erreichen kann.

Obwohl er normalerweise im offenen Meer anzutreffen ist, schwimmt der Makohai gelegentlich auch in Küstennähe oder in Hafenbecken, vor allem dann, wenn er sich auf der Jagd nach Sardinen, Hechten, Meeräschen oder Seebarschen befindet.

FORTPFLANZUNGS-STRATEGIEN

Der Zitronenhai (Negaprion acutidens) mit seinen sichelförmigen Flossen bevölkert die Gewässer des Indischen Ozeans. Nicht ganz geklärt ist bislang, ob er sich auch an den Küsten des afrikanischen Kontinents aufhält, man kann aber mit Sicherheit davon ausgehen, daß er vor Madagaskar, Indien, Sri Lanka, Indonesien und dem westlichen Australien anzutreffen ist. Er bevorzugt die temperierten Küsten der Vereinigten Staaten, sowohl die entlang des Atlantiks als auch die des Pazifiks und ist im Westen bis nach Kolumbien und im Osten bis zum südlichen Brasilien verbreitet. Die Gewässer vor Florida und das Karibische Meer hat er zum geeigneten Ort auserkoren, um dort seine Nachkommen zur Welt zu bringen. Der Zitronenhai zählt zur Familie der Menschenhaie und neigt von Natur aus nicht zu aggressivem Verhalten. Wie auch die anderen Carcharinidae ist er lebendgebärend. Diese Art zu gebären wird als Ovoviviparie bezeichnet und stellt ein äußerst effektives Reproduktionssystem dar. Verglichen mit der Fortpflanzungstechnik der Haie scheint die der Knochenfische, die Millionen von Eiern im Wasser verteilen, von denen nur ein ganz kleiner Bruchteil überlebt, sehr viel archaischer. Im Gegensatz zu ihnen teilen die Haifische ihre Kräfte sehr viel besser ein. Sie produzieren nur wenige Föten und lassen oft nur einen davon heranreifen, der dann aber bereits in dem Augenblick, in dem er aus dem Ei bzw. dem Körper der Mutter schlüpft, in der Lage ist, vollkommen selbständig für sich zu sorgen. Einige Arten, so beispielsweise der Sandhai, der Weiße Hai und der Fuchshai, haben eine ungewöhnliche Eigenschaft. Sie betreiben den sogenannten Gebärmutterkannibalismus. Der erste Embryo, der soweit entwickelt ist, daß die Körperfunktionen voll ausgebildet sind, verschlingt alle anderen und bleibt allein im Uterus zurück, als Produkt einer ersten natürlichen Auslese zur Welt. Bei den ovoviviparen Haien werden die befruchteten Eier im Bauch der Mutter ausgebrütet und öffnen sich auch dort. Jeder dieser Embryos ist durch eine Art Placenta, wie sie auch die Säugetiere besitzen, geschützt und durch eine Nabelschnur mit dem Dottersack verbunden, so daß er sich völlig unabhängig von den übrigen Föten ernähren kann.

Seite 62–63 Diese vor den Bahamas entstandenen seltenen Bilder zeigen einen Taucher, der der Geburt eines Zitronenhais (Negaprion brevirostris) beiwohnt. Etwa zehn, bereits voll entwickelte Jungtiere schlüpfen, eines nach dem anderen, aus dem Leib der Mutter. Unsere Bilder dokumentieren jedoch eine Frühgeburt, die wahrscheinlich durch die Anstrengung im Kampf mit einem Angelhaken hervorgerufen wurde. Unten rechts ist ein Neugeborenes, das noch an der Nabelschnur hängt, zu sehen. Bei vielen Haiarten ähnelt die Fortpflanzung der von Säugetieren. Die Jungen wachsen im Mutterleib heran und werden von hier aus während der ganzen Tragezeit ernährt. Im Unterschied zu den Säugern indes wird der Nachwuchs der Haie nach der Geburt nicht mehr von der Mutter versorgt, sondern ist von Beginn seines Lebens an auf sich allein gestellt. Junge Tiere halten sich zunächst eine Zeitlang gerne in abgegrenzten Zonen des Meeres, etwa in Lagunen, auf.

Seite 64–65 Zitronenhaie sind in erster Linie entlang der atlantischen und der pazifischen Küste des amerikanischen Kontinents verbreitet sowie an der Küste Westafrikas.

Der Blauhai

Der von den Menschen am meisten gefürchtete Raubfisch ist zugleich auch ein beliebtes und gewinnbringendes Jagdobjekt. Durchschnittlich 700 000 Tonnen Haifleisch werden jährlich gefischt und zu Lebensmitteln verarbeitet. In wesentlich geringerem Maße wird aus sportlichem Interesse geangelt. Der Leidenschaft des Sportfischens fällt vor allem der Blauhai (Prionace glauca) zum Opfer, sehr oft wird er nur zur Befriedigung der Jagdlust getötet. Ein Grund dafür ist sicher die Tatsache, daß er beim Drill mit der Angel hoch aus dem Wasser springt, sowie seine Angewohnheit, die potentielle Beute, also den Köder, eingehend zu studieren, sie zu beschnüffeln, sich ihr zu nähern und immer engere Kreise um sie zu ziehen. Dieses »Spiel« bietet den gesuchten Nervenkitzel. Mit seinem tiefblauen Rücken, den glänzenden blauen Seiten und dem weißen Bauch ist der schlanke und schmale Blauhai mit den langen, dünnen Brustflossen ein ausnehmend schönes Tier. Und zweifelsohne ist er der weitverbreitetste aller Haie. Sein Aktionsradius ist ungewöhnlich groß, er ist in sämtlichen Ozeanen und Meeren der Welt beheimatet. Nachts, in temperierten Gewässern, und wenn er sich in einer größeren Gruppe bewegt, erforscht er die Küstenregionen, besonders gern dann, wenn zur gleichen Zeit auch Schwärme von Kopffüßern, Sardinen und Tintenfischen, die zu seiner Ernährungsgrundlage gehören, in dieselbe Richtung schwimmen. Eindeutig zieht er frische Gewässer mit einer Wassertemperatur zwischen 7 und 16, höchstens 21 Grad Celsius, vor. Nördlich des Wendekreises des Krebses und südlich des Wendekreises des Steinbocks findet er diese Temperaturen nur in einer Wassertiefe von achtzig bis 220 Metern vor. Normalerweise wird der Blauhai knapp vier Meter lang. Allerdings gibt es auch einige wenige Exemplare, die bis zu sechseinhalb Meter messen. Die Geschlechtsreife erlangt der Blauhai mit fünf Jahren, und er wird ungefähr zwanzig Jahre alt. Er gehört zu den lebendgebärenden Haien, der Uterus eines Muttertieres beherbergt zwischen vier und 135 Embryos. Damit diese gezeugt werden können, muß sich das Weibchen einer sehr ungestümen Paarung unterziehen, bei der das Männchen mehrmals heftig beißt. Wohl aus diesem Grund ist die Haut der weiblichen Blauhaie dreimal so dick wie die ihrer Partner. Im Pazifischen Ozean, vor allem zwischen dem zwanzigsten und dem fünfzigsten Grad nördlicher Breite, bewegen sich die Blauhaie in erster Linie in festen Verbänden. Im Atlantik schwimmt er in großen Schwärmen; entweder er nähert sich Europa und folgt dem Golfstrom, oder er steuert die karibische See an und zieht mit der nord-äquatorialen Strömung in die umgekehrte Richtung.

1967, elf Jahre nachdem auf der Höhe von New York das Admiralsschiff der italienischen Transatlantikflotte, Andrea Doria, auf Grund gelaufen war, organisierte Bruno Vailati einen ersten Tauchgang zur Erforschung des Wracks. Dabei widmete man auch den Blauhaien allergrößte Aufmerksamkeit. Der damals siebenundzwanzigjährige Stefano Carletti, der genügend Erfahrung für ein derartiges Unternehmen mitbrachte, hatte die Aufgabe, den übrigen Tauchern Rückendeckung gegen die Haie zu schaffen, die sich in dem gesunkenen Schiff aufhielten. Bruno Vailati und sein amerikanischer Kollege Al Giddings konnten so ungestört ihre Unterwasseraufnahmen machen. Ein Jahr darauf erschien Carlettis Buch »Andrea Doria«. Er beschreibt sein Erlebnis folgendermaßen: »Ständig hielten sich hier Haie auf. Wir persönlich haben Blauhaie (Prionace glauca) gesehen, rechneten aber ständig damit, daß auch die gefährlichen Weißen Haie in der Nähe sein könnten. Schließlich befanden wir uns in der Nähe von Montauk, einer Region, in der diese Art besonders häufig auftritt, und wir wußten von Angriffen, die auch bei den niedrigen Temperaturen, wie sie bei unserer Expedition herrschten, stattgefunden haben... Meine Aufgabe bestand darin, die Kollegen vor den Haien zu schützen. Ich war mit einem Aluminiumstock ausgerüstet, der eine dreieckige Spitze aus marinefarbener Bronze hatte, die an den Rändern scharf geschliffen war. Stöcke dieser Art werden für gewöhnlich ›Shark Billy‹, Haistock, genannt und erweisen sich stets als sehr wirkungsvoll.« Man kann deutlich ersehen, daß Carletti nicht die Blauhaie, sondern die Weißen Haie fürchtete, die sich in vierundsiebzig Meter Tiefe auch sehr gut hätten aufhalten können. Die Taucher, die an der Untersuchung des Wracks beteiligt waren, waren letztlich auch keinem Angriff der Blauhaie, die das

Seite 66 Schiffshalter begleiten häufig Haie und andere größere Wirbeltiere, an die sie sich mit Hilfe einer speziellen Saugscheibe anhängen. Früher dachte man, die Schiffshalter ließen sich auf diese Weise transportieren, um anschließend die übriggebliebenen Reste der Beute zu verzehren. In Wirklichkeit ernähren sie sich jedoch hauptsächlich von den Hautparasiten der Haie.

Seite 67 Mit seinen großen, runden Augen, der langen und spitzen Schnauze sowie den an Tragflächen von Flugzeugen erinnernden Brustflossen, ist der Blauhai (Prionace glauca) einer der am einfachsten zu erkennenden Haie. Sein Name liegt in der bläulichen Färbung seines Rückens begründet. Möglicherweise ist der Blauhai der am weitesten verbreitete Knorpelfisch. Außer im Polarmeer ist er auf der ganzen Welt anzutreffen.

Seite 68 In den Küstengewässern Kaliforniens wurden am Beispiel des Blauhais besonders intensive Forschungen über die Lebensgewohnheiten der Meeresräuber betrieben, um Näheres über das Angriffsverhalten der Haie zu erfahren.

Seite 69 Die Australier Ron und Valerie Taylor haben einen besonderen Taucheranzug zur Haiabwehr erdacht. Er ähnelt dem Kettenhemd mittelalterlicher Ritter und ist aus rostfreiem Stahl geknüpft.

Seite 70–71 Die Erforschung des Verhaltens der Blauhaie erfordert auch die Markierung von Tieren. Gefangene Tiere werden mit Sendern oder Markierungen versehen, um ihre Wanderungen nachvollziehen zu können.

gesunkene Schiff in großer Zahl bevölkerten, ausgesetzt.

Auch die Zuschauer, die in Pesaro Sommer für Sommer die Meisterschaften im Haiangeln verfolgen, haben keine Angst vor diesen Tieren. Denn schließlich macht man bei dieser Veranstaltung, die auf die Initiative der Werft »Mochi Craft« stattfindet, von der Wasserfahrzeuge für private Hochseefischerei gefertigt werden, Jagd auf Blauhaie. Seit einigen Jahren findet der Wettbewerb unter der Schirmherrschaft der »Big Game Italia« statt, einer Sportgesellschaft, die die Technik des »tag and release« praktiziert. Dies bedeutet, daß auf der Rückenflosse der Tiere, die an der Angel hängen, ein kleines Erkennungsschildchen befestigt wird. Jeder gefangene Hai wird an Bord äußerst vorsichtig behandelt, von einem Biologen markiert und ins Meer zurückgesetzt. Wenn diese Exemplare in einem anderen Teil der Welt wiedererkannt werden, so kann die Forschung daraus nützliche Erkenntnisse gewinnen.

Das Gebiß des Blauhais ist nicht besonders furchteinflößend, aber es ist trotzdem recht groß. Dem Blauhai eilt nicht gerade ein guter Ruf voraus. Immer wieder wird von Angriffen auf Schwimmer oder sogar auf Fischerboote berichtet. Aber es muß an dieser Stelle auch gesagt werden, daß einige Experten diese Schilderungen nicht unbedingt für glaubwürdig halten. Auf den Hawaii-Inseln trägt der Blauhai auch den Beinamen »Mano Inuwaa«, was etwa mit »Nase und Kanu« übersetzt werden kann. Diese Bezeichnung bezieht sich auf die Angewohnheit der Blauhaie, auf dem offenen Meer sich mit der spitzen Nase an den Bootsrand zu lehnen, ganz so, als wollten sie sich erholen. Auf Tahiti hält man den Blauhai für einen Schatten des Schönen Hais, des Verlobten der Göttin Taarla, der im Himmel umherschwimmt und in den dunklen Sphären der Milchstraße Wolken frißt. Als in den Jahren 1952 und 1953 die »Nationale Italienische Unterwasserexpedition« im Roten Meer stattfand, bei der Folco Quilici sein erstes Filmprojekt »Der sechste Kontinent« verwirklichen konnte, stellte man fest, daß unter den zahlreichen Haiarten, denen man begegnete, der Blauhai das beunruhigendste Verhalten an den Tag legte. Aber diese Anfänge der Unterwasserforschung gehören inzwischen der Vergangenheit an. Damals aber begegneten sie zum ersten Mal in ihrem Leben Haien. Sie haben mit ihren Harpunen, die sie noch mit einem recht primitiven Zugfedermechanismus abfeuerten, Feuerflundern, Rochen, Ammenhaie und Teufelsfische angegriffen und erlegt. Jetzt, dreißig Jahre später, distanzieren sie sich von ihren zurückliegenden tierquälerischen Unternehmungen und beteuern, nur deshalb so gehandelt zu haben, weil es ihnen noch an Wissen und Erfahrung gemangelt hatte. Heute treten beide, Vailati ebenso wie Quilici, für den Schutz der Haie und anderer Tiere ein und engagieren sich dafür, daß die Tiere nicht mehr aus Unwissenheit oder schlimmer noch aus purer Abenteuerlust bedroht und getötet werden.

RODEO AUF DEM RIFF

Während sich viele Taucher noch vor vierzig Jahren brüsteten, Haie mit Dolchen und Harpunen gejagt zu haben, fotografieren sie diese Tiere heute und füttern sie mit Fischstückchen. Sie alle empfinden Ehrfurcht, Angst und Respekt vor den Raubfischen und kennen sie inzwischen wesentlich besser als noch vor zehn Jahren. Sie haben gelernt, Haie als einen Teil der Natur zu verstehen und engagieren sich nun auch, diesen Tieren den angemessenen Platz im ökologischen Bewußtsein der Menschen zu verschaffen.

Ein ausgesprochener Spezialist in der Welt der Haie ist Marco Eletti. Auf den Malediven tauchte er allein und mit Freunden, das Verhalten von Haien bei Annäherung von Menschen zu erforschen. Er hatte dabei einen Sack mit Köderfischen bei sich und bot diese den Haien an, die aber vorbeischwammen, ihn mißtrauisch beäugten und stets eine gewisse Distanz hielten. Sie kamen nicht näher als ein paar Meter an ihn heran. Immer wenn der Inhalt der Sauerstoffflasche sich dem Ende zuneigte, mußte Eletti wieder auftauchen, ließ aber den Sack mit den Fischen im Meer. Die Haie taten sich dann in aller Ruhe daran gütlich. Man konnte feststellen, daß sie dabei nach einem festen Rhythmus vorgingen. Die Tiere schienen sich nach einer inneren Uhr zu richten und näherten sich wiederholte Male erst nach dreißig Minuten, wenn Elettis Luftvorrat bereits knapp wurde. Erst nach dieser halben Stunde begannen die Haie, engere Kreise um ihn zu ziehen, fast so, als wollten sie ihm klarmachen, daß es nun an der Zeit wäre, sich wieder davonzumachen und den Sack mit seinem Inhalt ihnen zu überlassen. Eletti nahm dann eine größere Sauerstoffflasche mit, die es ihm erlaubte, länger unter Wasser zu bleiben. Wieder umkreisten ihn die Haie nach einer halben Stunde enger. Sie hatten es auf die Fische abgesehen, auch wenn sie sich nicht dazu entscheiden konnten, tatsächlich ganz nah heranzukommen. Nach wenigen Tagen hatten sie sich jedoch an den neuen Zeitplan gewöhnt und änderten ihre Taktik. Sie verstanden, daß sie anstelle von dreißig nun fünfundvierzig Minuten warten mußten, um an die Fische zu kommen. Für Eletti bedeutete dies einen Fortschritt. Ein erster Kontakt, eine erste Stufe der Kommunikation zwischen ihm und den Haien war jetzt hergestellt. Eletti hatte inzwischen gelernt, die Gewohnheiten der Meerestiere und auch Veränderungen in ihrem Verhalten richtig zu deuten. Seine »Arbeit« führte ihn nach Shark Thila. Hier gab es eine Fülle von Leben – Korallen, Fische, Muränen, Krustentiere, Barrakudas, Thunfische und auch Haie. Den Namen Shark Thila, Untiefe der Haie, hatte dieser Ort wegen der Grauhaie (Carcharinus amblyrhynchos) erhalten, vor denen man sich in acht nehmen muß. Hier unternahm Eletti seine ersten Experimente mit Grauhaien, und wieder bediente er sich dabei toter Fische, die er mitnahm. Schnell konnte er feststellen, daß zum Schwarm, der auf dem Grund der Untiefe lebte, etwa vierzig Tiere gehörten, ausnahmslos Weibchen. Diese Tatsache sollte sich als aufschlußreich erweisen, denn nicht einmal auf dem Meeresgrund legt ein Weibchen dasselbe Verhalten an den Tag wie ein Männchen. Die Anführerin der Herde war natürlich das größte, temperamentvollste und aggressivste Tier: »Wenn es mir gelingt, ihr Vertrauen zu erlangen, gewinne ich auch das Vertrauen der anderen«, dachte Eletti bei sich. Und nahm wieder einen Beutel Köderfische mit unter Wasser. Als er das 2427. Mal den Grauhaien seinen Besuch abgestattet hatte, war plötzlich von seiten der Haie jede Spur von Mißtrauen verschwunden. Es war ein eigenartiges Tauchunternehmen gewesen. Das Leben in der Untiefe schien sich im Zeitlupentempo abzu-

Seite 72 Zu den bekanntesten Haien gehören die verschiedenen Arten der Familie der Menschenhaie (Carcharhinidae), die überall in tropischen und gemäßigten Meeren vorkommen.

Seite 73 Inzwischen gibt es zahlreiche organisierte Tauchreisen, die eine Begegnung mit Haien ermöglichen. Ein Führer begleitet eine Gruppe von Tauchern zu den Standorten der Raubfische, die durch Köder angelockt wurden.

Seite 74–75 Grauhaie kreisen in bedrohlicher Manier in den Gewässern vor dem Tuamotu-Archipel. In Polynesien sind die Eingeborenen seit ihrer Kindheit an die Anwesenheit von Haien gewöhnt. Bisweilen versperren sie den Zugang zu den Lagunen und halten die darin befindlichen Haie gefangen, um beim Fischen die Flucht ins offene Meer zu verhindern. Die aufregendsten Begegnungen mit Haien sind bei Avaturu und Tivarus längs der Nordküste der Insel Rangiroa möglich – hier sind die Meeresräuber häufig an der Wasseroberfläche zu beobachten.

Seite 76–77 Diese Abbildung zeigt eine große Gruppe von Menschenhaien, die nahe der Wasseroberfläche schwimmen. Zu ihrer weitverzweigten Familie zählen etwa 30 verschiedene Arten, deren Länge von weniger als einem Meter bis zu vier Metern variiert. Sie sind sowohl entlang der tropischen Riffe als auch im offenen Ozean anzutreffen und gehören somit zu den weitverbreitesten Haiarten.

spielen. Die Muränen schwammen lustlos umher, die Korallenfische wirkten weniger geschäftig als gewöhnlich, und selbst die ansonsten immer aufgeregten Barrakudas bewegten sich nur langsam und träge. Plötzlich aber geriet das Meer in Aufruhr. Alles erbebte und das Wasser schäumte. Schwanzschläge und silberne Rücken leuchteten im Blau des Meeres auf. Schließlich tauchte eine Gruppe von Grauhaiweibchen auf. Sie näherten sich zügig, ohne wie sonst erst nach und nach ihre Kreise enger zu ziehen, und bewegten sich direkt auf Marco Eletti zu. Die Augen der Haie, die als gläsern, kalt, ausdruckslos und starr beschrieben werden, waren auf Eletti gerichtet. Das Leittier war schon ganz nah herangekommen. Eletti hob die Hand, um einen Leckerbissen austeilen zu können. Er sah deutlich, wie sich das Nickhäutchen über die Augen des Tieres senkte und sie weiß werden ließ. Der Raubfisch machte sich daran, das Fischstück zu verspeisen. Eletti hatte jetzt große Angst, vor allem weil er sich fürchtete, die Tiere könnten seine Unruhe registrieren. Alle Tiere greifen einen Menschen an, sobald sie seine Angst wittern. Von Haien geht nur dann mit Sicherheit eine Gefahr aus, wenn man Angst vor ihnen hat und sie das spüren läßt. Dies alles wußte Eletti sehr wohl. Und es war nicht das erste Mal für ihn, daß er seine Furcht um jeden Preis unter Kontrolle halten mußte. In diesem Fall folgte er einer absurden Idee, die ihn genau in dem Moment, als das Tier das verborgene Nickhäutchen gesenkt hatte, durch den Kopf geschossen war. Er ließ den Fisch los, den er hatte verfüttern wollen und legte die Hand an die Nase des Tieres, hielt sie fest und zog sie zu seinem Mund heran. Dann biß er das Grauweibchen kräftig in den Hals, genauso wie es ein Haimännchen kurz vor der Paarung getan hätte. Das Tier erstarrte. Für einen Augenblick verharrte es regungslos und akzeptierte schließlich den Menschen, der es gebissen hatte.

Seite 78 Im Lebensraum der Korallenriffe sind mehrere Haiarten beheimatet. Mit Abstand am häufigsten findet man die Grauhaie (Carcharhinus amblyrhynchos), die eine Länge von zwei Metern erreichen. Bevorzugt suchen sie die tieferen Regionen und die dem offenen Meer zugewandte Seite des Riffs auf.

Von der Vielzahl der Haiarten, die denselben Lebensraum bevölkern, bevölkert jede ganz bestimmte Bereiche. So ist etwa der Schwarzspitzen-Riffhai nahe der Wasseroberfläche anzutreffen, so daß seine charakteristische Rückenflosse oft aus dem Wasser herausragt.

Seite 79 Rund um die Atolle des Pazifischen Ozeans finden sich neben den hier abgebildeten Grauen Riffhaien auch andere verwandte Arten, die in erster Linie den Teil des Riffs aufsuchen, der aufs offene Meer deutet. Der Weißspitzen-Riffhai hält sich sowohl im Inneren der Lagune als auch in der Nähe der Außenböschung des Riffs auf.

Seite 80 oben Das elegante Profil eines Grauen Riffhais zeichnet sich an der von der Sonne erhellten Wasseroberfläche ab.

Seite 80 unten Ein Carcharhinus wheeleri schwimmt im Roten Meer, in sudanischen Gewässern.

Seite 80–81 Ein Grauer Riffhai in den Tauchgründen der Bahamas scheint vorsichtig und zurückhaltend den Fotografen zu beobachten.

Seite 82–83 Die Haut dieses Weißspitzenmarderhais (Triaenodon obesus) weist mehrere tiefe Wunden auf, die höchstwahrscheinlich durch zu heftige Liebesbezeugungen, wie sie bei dieser Art üblich sind, entstanden. Die Paarung der Riffhaie ist eine recht martialische Angelegenheit. Das Männchen versucht dabei das Weibchen in eine Position zu bringen, in der er es beißen kann. Aus diesem Grund haben die Haiweibchen eine besonders unempfindliche Haut, die etwa doppelt so dick ist wie die der männlichen Tiere, die allerdings auch nicht immer vor den Zähnen ihrer Partnerinnen verschont bleiben.

Seite 84–85 Ein Riffhai nähert sich der Wasseroberfläche.

Der sanftmütige Ammenhai

Seite 86–87 Der Ammenhai hält sich häufig in Grundnähe auf, wo er nur sehr langsam schwimmt oder aber unbeweglich verharrt. Er gehört zur Ordnung der Ginglymostoma und gilt nicht als besonders angriffslustig. Allerdings kann er dem Taucher mit seinen kleinen Zähnen durchaus schmerzhafte Verletzungen zufügen.

Seite 88–89 Die Barteln am Maul und die Furchen, die die Nasenlöcher mit dem Mund verbinden, sind sicherlich die charakteristischsten Merkmale des Ammenhais. Aber auch sein Schwanz hat eine unverwechselbare Form. Der obere Lappen ist sehr viel stärker entwickelt als der untere. Die bekannteste Art, der Ginglymostoma cirratum, ist in Florida und in der Karibik verbreitet.

Im Falle des Ammenhais existieren noch immer viele Mißverständnisse und Unwissenheit. Der richtige Ammenhai, der in allen Sprachen diesen Namen trägt, wird im Lateinischen als Ginglymostoma cirratum bezeichnet und zählt zur Familie der Orectolobidae, der alle Grundhaie angehören. Aber auf den ersten Blick ist diese Verwandtschaft nicht zu erkennen, denn für gewöhnlich hat der Ammenhai einen schmutzigbraunen Rücken und einen weißen Bauch. Erst im Verhalten wird die Ähnlichkeit ersichtlich. Wie auch die relativ bunten Grundhaie mit ihrer charakteristischen Zeichnung, halten sich auch die Ammenhaie tagsüber mit Vorliebe unbeweglich am Grund nicht allzu tiefer Gewässer auf oder ziehen sich in kleine Höhlen zurück. Oft sind zwischen drei und dreißig Exemplare auf- und nebeneinanderliegend anzutreffen. Sie warten auf die Nacht, damit ihre Jagd beginnen kann. Beute sind wirbellose Tiere. Kleine Krebse, Weichtiere, Würmer und sogar Algen werden von den Ammenhaien mit Hilfe der Brustflossen, die wie Pfoten funktionieren, aufgespürt und können mit Hilfe der kräftigen Mundmuskulatur und den Zähnen, die zum Teil zu knöchernen Kiefernplatten mutiert sind, zermalmt werden. Es scheint, als besäße der Ammenhai nicht die physiologischen Voraussetzungen, die ihn zu einem gefährlichen Tier machen würden. Dennoch greift er gelegentlich auch Taucher an, selbst solche, die ihn nicht provoziert haben. Naheliegend ist die Annahme, daß dieses Verhalten auf frühere schlechte Erfahrungen zurückzuführen ist. Denn es gibt viele Taucher, die der Versuchung, sich rittlings auf einen Hai zu setzen und sich in Pose von einem Freund mit Fotoapparat oder Filmkamera verewigen zu lassen, nicht widerstehen. Aber auch wenn der Ammenhai sich dazu entschlossen hat, sich zur Wehr zu setzen, sind die Folgen fast nie tödlich. Allerdings können sie sehr schmerzhaft sein. Die Zähne des Ammenhais sind sehr klein und dazu geschaffen, die Gehäuse von Krebsen und Weichtieren zu knacken und können kraftvoll zupacken. Der Ammenhai darf auf keinen Fall unterschätzt werden, und man sollte ihm trotz seiner relativen Zahmheit und Gefügigkeit genügend Respekt entgegenbringen.

Der Katzenhai

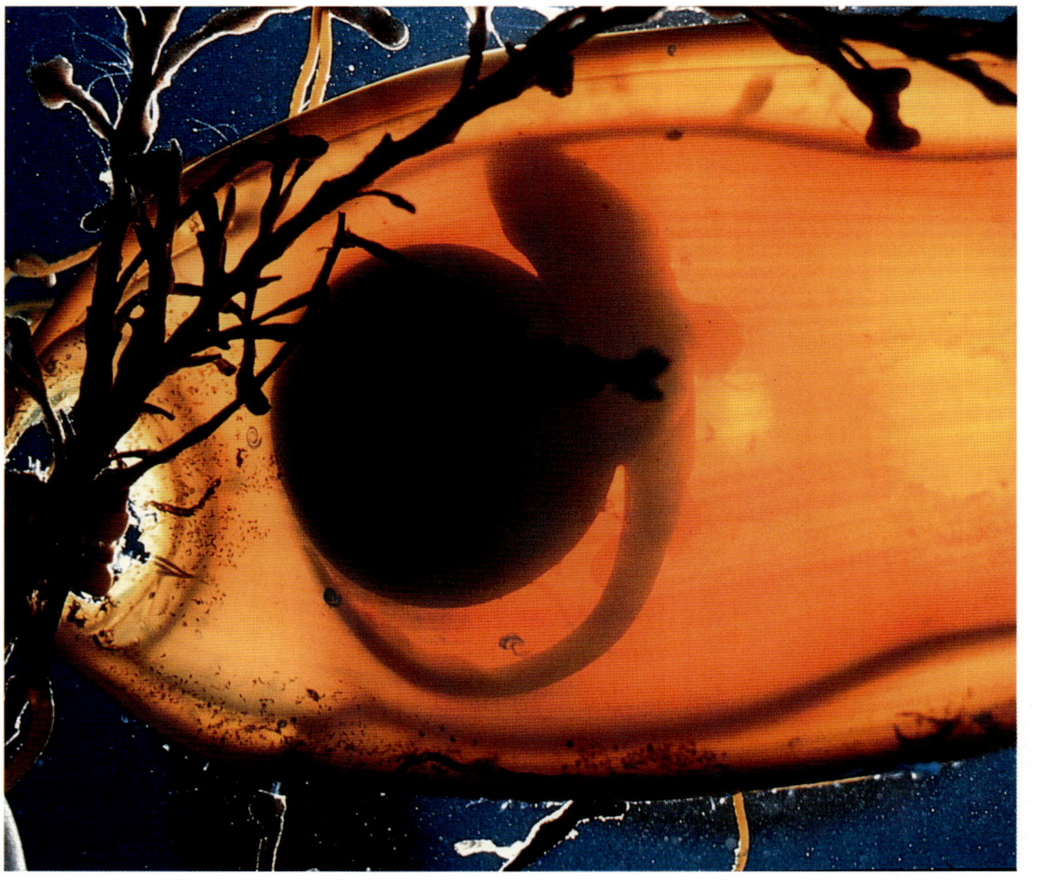

Der Anblick ist beunruhigend, daran gibt es nichts zu rütteln. Zweifelsohne ist es diese Eigenschaft, die die allgemeine Bedeutung des Begriffs Hai ausmacht. So verhält es sich jedenfalls in den Küstenregionen, wie zum Beispiel am Thyrrhenischen Meer, wo die Menschen baden und sich erholen, dessen Strände stets bevölkert sind, wo aber nie ein echter menschenfressender Hai auftaucht. Die Phantasie der Menschen und das Bedürfnis der Tiefseetaucher nach Nervenkitzel wird hier durch die Anwesenheit des Katzenhais befriedigt, denn Großhaie halten sich im Thyrrhenischen Meer nicht auf.

Der Name Katzenhai rührt mit Sicherheit von der Färbung des Tiers her, es hat eine braun-gelb marmorierte Haut, aber ebenso auch von seinen kleinen spitzen Zähnen, die denen der Hauskatze ähneln. Die Katzenhaie sind »Duckmäuser«, kauern am Grund, in wenigen Metern Tiefe, oft im Schatten einer Grotte und wie auch die Katzen werden sie vor allem in der Nacht aktiv. Sie wirken freundlich, reizen dazu, sich ihnen zu nähern und sie zu streicheln. Derartige Versuche enden aber oft schmerzvoll, denn wenn sie mit ihren spitzen, kleinen Zähnen nach dem Störenfried zu schnappen und zu beißen beginnen, offenbart sich ihr Naturell und das Opfer muß mit blutenden Wunden rechnen.

Katzenhaie sind auch vielfach Opfer von Unterwasserjägern. Denn oft waren diese frustriert von der vergeblichen Verfolgung der schnellen Seebarsche, entmutigt vom endlosen Lauern auf versteckte Fische, oder enttäuscht, wenn es wieder einmal nicht gelungen war einen großen Zahnbrassen zu harpunieren, der sich durch eine winzige Öffnung, durch die nicht einmal eine Faust paßte, in eine Höhle zurückgezogen hatte.

Mit dem Terminus Katzenhai werden für gewöhnlich jene Haie zusammenfassend bezeichnet, die sich abgesehen von ihrer wissenschaftlichen Klassifikation auch physisch ähneln. Derjenige Katzenhai, der seinen Namen aufgrund seines Aussehens erhalten hat, ist der Scyliorhinus canicula, der im gesamten Mittelmeer, im östlichen Atlantik, im Norden bis Norwegen, im Süden bis in den Senegal, im Nordmeer und im Ärmelkanal verbreitet ist. Der wissenschaftliche Name des Leopardenhai, der denselben Lebensraum wie der Katzenhai bevölkert, lautet hingegen Scyliorhinus stellaris. Der Schwarzmaulhai, der im östlichen Atlantik nicht weiter als Madeira vordringt, heißt laut der Klassifikation von Rafinesque-Schmaltz Galeus melastonus, nach derjenigen von Müller und Henle aber Pristiurus melanostomus. Er bevorzugt die schlammigen Gründe in 180 bis 900 Meter Tiefe. Er ist ein Fleischfresser und nachts erhebt er sich oft aus dem weichen Schlamm und macht sich auf die Jagd. Die übrigen Katzenhaie ernähren sich ausschließlich von Krustentieren, Mollusken und Fischen, die sie auf dem Meeresgrund finden. Sie legen Eier und bewahren die transparenten, hornartigen Kapseln auf, indem sie sie mit Hilfe des sogenannten Kapselfadens an Felsen, Riffen oder Algen verankern. Der Schwarzmaulhai hingegen läßt seine Eier einfach im Schlamm liegen. Der eigentliche Katzenhai endet unter dem beschönigenden Namen »Klippenlachs« häufig im Kochtopf. Er ist durchaus wohlschmeckend, kann aber bei allzu häufigem Verzehr Magen- und Darmbeschwerden hervorrufen. Der Leopardenhai wird vor allem wegen seiner Haut gejagt, die am besten dazu geeignet ist, zu Leder verarbeitet zu werden.

Seite 90 Ein noch ziemlich kleiner Embryo hängt am Eisack, von dem er sich bis zur Geburt ernährt.

Seite 91 Hier ist eines der faszinierendsten Schauspiele aus der Welt der Haie zu beobachten: das Heranreifen eines Katzenhai-Embryos. Katzenhaie sind kleine, ungefährliche Raubfische, deren längliche Eier im Licht transparent erscheinen. Die Katzenhaie legen sie in einer Tiefe von mindestens 150 Metern ab und befestigen sie meist an Felsen und Korallen.

Seite 92–93 Ein voll ausgebildeter Katzenhai der Art Cephaloscyllium schlüpft aus der Eikapsel, in deren Schutz er sich mehrere Monate lang entwickeln konnte.

Seite 94 Der »Wobbegong« entstammt aus einer der sechs oder mehr Arten der Familie der Orectolobidae, die vor allem die Küstenregionen Australiens, Papua-Neuguineas und Japans bevölkern. Diese Haie werden auch Grundhaie genannt. Sie

halten sich in den warmen Gewässern der Korallenriffe auf, wo sie scheu und passiv einen Großteil der Zeit am Meeresgrund liegend verbringen. Der Orectolobus ornatus kann bis zu drei Meter lang werden.

Seite 95 Die Streifenzeichnung auf der Haut der Jungtiere der Zebrahaie (Stegostoma fascinatum) erinnert, wie der Name schon sagt, an die der Zebras. Das erwachsene Tier hat hingegen eine flekkige Haut. Der Zebrahai kann bis zu dreieinhalb Meter lang werden und gilt als völlig ungefährlich. Sein langer, sehr beweglicher Körper erlaubt es ihm, sich zwischen Felsspalten und Felsen durchzuschlängeln und seine bevorzugte Beute, kleine Fische, Krebschen und Krabben, aufzuspüren. Man findet ihn entlang der tropischen Küsten des indopazifischen Raums, von Südafrika bis nach Australien und Japan.

Seite 96–97 Der zu den Stierkopfhaien gehörende Heterodontus portusjacksoni beschäftigt die Forscher in besonderem Maße, weil einige Teile seines Skeletts eine auffällige Ähnlichkeit mit einer inzwischen ausgestorbenen Art aufweisen, die im Zeitalter der Dinosaurier, vor Hunderten von Millionen Jahren gelebt hat.

Der Riesenhai – ein gutmütiger Riese

Seite 98–99 Der Riesenhai (Cetorhinus maximus) ist ein »sanfter Riese« ohne Zähne, der sich durch das Filtrieren von Plankton ernährt. Er schwimmt mit weit geöffnetem Maul dicht unter der Wasseroberfläche. Der »Filter«, mit dem die winzigen, im Wasser schwebenden Tierchen aufgefangen werden, sitzt innerhalb der Kiemenspalten die durch das Maul zu sehen sind.

Der lateinische Name des Riesenhai ist Cetorhinus maximus. Mit einer Durchschnittslänge von über zehn Metern und einem Gewicht von vier bis sechs Tonnen ist er der zweitgrößte aller Haie. Darüber hinaus wurden auch schon Exemplare von fast dreizehn Meter Länge und einem geschätzten Gewicht von sechzehn Tonnen gesichtet. Im Englischen sagt sein Name bereits einiges über die Verhaltensweise dieses Tieres aus: er lautet Basking Shark; darin enthalten ist das Verb to bask, sich räkeln, sich sonnen. Im Gegensatz zu den meisten Haiarten ernährt er sich ausschließlich von Plankton, kleinen Fischen und Krebsen. Er bewegt sich an der Wasseroberfläche mit einer Geschwindigkeit von zwei Knoten, das bedeutet, er legt 3700 Meter in einer Stunde zurück. Dabei filtriert der Riesenhai 2000 Liter Wasser mit seinen fünf Kiemenspalten, die zu den größten des gesamten Tierreiches gehören und fast den gesamten Kopfumfang ausmachen. Sein Maul ist mit 1600 bis 1800 Zähnen – oder besser Dornen – besetzt. Die Natur scheint es so eingerichtet zu haben, daß der Riesenhai diejenigen Zonen der Ozeane bevölkert, in denen der Walhai nicht vorkommt. Letzterer bevorzugt die wärmeren tropischen Gewässer, ersterer zieht sich in kühlere Breiten zurück, wo er jahrhundertelang eine begehrte Beute vor allem irischer Walfänger war. Anders als bei den Walen, deren ganzer Körper verarbeitet wurde, tötete man Riesenhaie wegen ihrer großen Leber, die fast ein Viertel des Gesamtkörpergewichts ausmacht und zu sechzig bis siebzig Prozent aus einem sehr feinen Öl besteht. Aus einem Tier gewann man zwischen 80 und 600 Gallonen, das sind zwischen 363 bis 2724 Liter dieser Flüssigkeit. Der Rest des toten Fisches ist weitgehend wertlos und wird lediglich zu Viehfutter verarbeitet. Die Leber garantiert den fleischfressenden Haien von Geburt an bis zu dem Zeitpunkt, ab welchem sie zum erstenmal auf Beutefang gehen können, das Überleben; dem Riesenhai dagegen ermöglicht sie die Zeit, während er keine Nahrung aufnimmt – vermutlich im Winter – ohne größere gesundheitliche Schäden zu überstehen. Diese Phase von mehreren Wochen verbringt der Hai in Ruhestellung auf dem Meeresboden.

Die Geschlechtsreife erreicht der Riesenhai erst nach sechs bis sieben Jahren und die Tragzeit beträgt dreieinhalb Jahre. Ungeachtet der gegensätzlichen Ernährungsweise des erwachsenen Tieres sind Riesenhaie als Föten ausgesprochene Kannibalen, die sich im Uterus gegenseitig fressen, bis nur mehr ein Junges übrigbleibt und zur Welt gebracht wird. Das Neugeborene unterscheidet sich so stark vom ausgewachsenen Tier, daß die Wissenschaft viele Jahre davon ausging, es handele sich bei den Tieren um eine völlig andere Art. Zu dieser Vermutung gaben etliche Besonderheiten Anlaß. So hängt bei den kleinen Riesenhaien oberhalb des Mauls eine Art Rüssel, die Kehle ist gegenüber dem Kiefer nach innen statt nach außen gewölbt und der Kopf ist an den Seiten sehr schmal. Im Laufe des Wachstums wird der Kopf jedoch immer fülliger, bis sich die eigenartige Physiognomie schließlich komplett ausgewachsen hat. Der halbmondförmige Schwanz sieht dem des Weißen Hais und dem des Makohais zum Verwechseln ähnlich. Obwohl sie dem Anschein nach die haitypische dreieckige Form besitzt, fehlen der Rückenflosse die stützenden Knorpel. Dadurch wirkt sie immer etwas schief und pendelt ständig nach links und nach rechts. Es gilt als sicher, daß der Riesenhai auch Nahrung zu sich nimmt, wenn er langsam unter der Wasseroberfläche dahinschwimmt und sich dabei die Haut von der Sonne wärmen läßt.

In Irland geht man davon aus, dem Tier gefalle es einfach, sich zu sonnen. Es wurde zudem schon beobachtet, daß Riesenhaie sich auf den Rücken drehten und ihren Bauch der Sonne zuwandten; oft lehnen sie sich auch an Wasserfahrzeuge an, sofern sie nicht die Flucht vor ihnen ergreifen. Dabei scheuern sie sich an Ruderblättern. Dieses Verhalten ist faszinierend, aber nicht genau zu erklären, zumal es der Riesenhai auch an den Tag legt, wenn der Himmel mit dicken Wolken bedeckt ist und es in Strömen regnet. Gavin Maxwell, der nach dem Zweiten Weltkrieg vor den Hebriden vier Jahre lang Riesenhaie fing, schrieb, ihm seien diese Eigenheiten ein Rätsel. Das Räkeln und Sonnenbaden der Riesenhaie dürfte wohl eines der vielen ungeklärten Geheimnisse des Meeres sein, da die Fische unabhängig von Wasser- und Außentemperatur, ungeachtet des Wetters, der Windverhältnisse und der Gezeiten, dieses merkwürdige Verhalten zeigen.

Seite 100 oben Diese sensationellen Bilder zeigen den einzigen lebenden Megamouth, dem sich der Mensch bislang nähern konnte. Dieser eigenartige Hai, der bis vor wenigen Jahren völlig unbekannt war, wurde im Jahr 1976 erstmals beschrieben. Seitdem gelang es, die Existenz noch weiterer fünf Exemplare nachzuweisen.

Seite 100–101 Das letzte bislang registrierte Exemplar hat sich im Oktober 1990 in einem Fischernetz in der Nähe von Dana Point in Kalifornien verfangen. Bei dieser Gelegenheit entstanden die hier abgebildeten Fotografien sowie die ersten Filmaufnahmen eines lebenden Megamouth. Die Fischer erkannten die Bedeutung ihres ungewöhnlichen Fangs und zogen das Tier bis in den Hafen von Dana Point. Schon am nächsten Morgen brachte man den Megamouth ins offene Meer zurück. Fotografen und Forscher hatten dann Gelegenheit, sich dem filtrierenden Hai zu nähern, wobei ihnen die Tatsache, daß der völlig harmlose Megamouth durch ihre Anwesenheit überhaupt nicht gestört oder beunruhigt schien, sehr entgegenkam. Nachdem man an dem Hai einen kleinen Sender befestigt hatte, ließ man das Tier endgültig frei.

DER MEGAMOUTH – BEGEGNUNG MIT EINER LANGE ZURÜCKLIEGENDEN VERGANGENHEIT

Megachasma pelagios. Die Zoologen gaben diesem Hai 1977 seinen wissenschaftlichen lateinischen Namen, ein Jahr nachdem am 15. November 1976 diese Art erstmals entdeckt wurde. Dies geschah eigentlich nur durch Zufall. Das Exemplar ging bei der zu Hawaii gehörenden Insel Kahuku Point einem amerikanischen Forschungsschiff ins Netz. Die drei sich an Bord befindlichen Wissenschaftler Taylor, Compagno und Struhsaker waren sich beim Anblick dieses unbekannten Fisches, eines etwa 4,30 Meter langen Männchens, schnell einig, daß sie eine neue Art entdeckt hatten. Sie gaben dem Tier auch seinen Namen – Megamouth Shark –, was soviel bedeutet wie »Hai mit enorm großem Maul«. Aufgrund der anschließend durchgeführten Untersuchungen stellte sich heraus, daß es sich dabei um eine ausgesprochen seltene und primitive Art handelte, bei der gewissermaßen eines Tages die Evolution stehengeblieben war. Dieser Fisch gab Zeugnis von einer längst vergangenen Lebensform im Meer.

Das geöffnete Maul eines Megamouth erreicht einen Durchmesser von fast einem Meter. Da es sich ausschließlich von Plankton ernährt, geht von diesem Tier dennoch keine Gefahr aus. Glück hatte das knapp fünf Meter lange und schätzungsweise über 900 Kilogramm schwere Männchen, das auf unseren Abbildungen zu sehen ist. Es wurde von Fischern aus Dana Point in Kalifornien kurz nach Mitternacht am 21. Oktober 1990 gefangen, sofort wieder ins Wasser gesetzt und mit in den Hafen geschleppt, nachdem man es zuvor mit dem Schwanz am Boot festgebunden hatte. Am nächsten Tag brachte man das Tier zurück ins offene Meer, begleitet von einer Gruppe von Wissenschaftlern und von unserem Fotografen. Bevor der Hai jedoch endgültig freigelassen wurde, versah man ihn mit einem kleinen Sender, der etwa fünfzig Stunden lang Informationen lieferte. So verbringt der Megachasma pelagios den Tag in Tiefen von über 150 Metern und kommt bei Einbruch der Dunkelheit bis knapp 20 Meter an die Wasseroberfläche. Bei diesem bislang einzigen direkten Kontakt mit Menschen entpuppete sich der Megamouth als ein ungewöhnliches Tier, das keinerlei Anzeichen von Nervosität oder Aggressivität erkennen ließ.

DER WALHAI – EINE SELTENE BEGEGNUNG

Seite 102 oben *Hier ist die außergewöhnliche Färbung am oberen Teil des Schwanzes der Walhaie gut zu erkennen.*

Seite 102 unten *Der lange, schlanke Körper des Hais fällt den Tauchern immer wieder ins Auge und ist stets aufs neue beeindruckend.*

Die ersten Haie tauchten vor ungefähr sechzig Millionen Jahren in der Kreidezeit auf. Es gibt zahlreiche Funde von versteinerten Zähnen, die mit den Gebissen von Haien aus jüngerer Zeit nahezu identisch sind. Während die Dinosaurier ausstarben, breiteten sich die Meeresräuber im Tertiär immer weiter aus, wobei die Evolution keine grundlegende Veränderung hervorbrachte. Dies gilt jedoch nicht für ihre Größe. Dabei ist zu bedenken, daß die dreieckigen Zähne des vor zwanzig Millionen Jahren ausgestorbenen Carcharodon megalodon immerhin zehn Zentimeter lang waren. Eine im Jahr 1909 vom New Yorker Naturkundemuseum durchgeführte Rekonstruktion dieses vorzeitlichen Hais ergab, daß das Tier etwa vierundzwanzig Meter lang gewesen sein mußte, denn das geöffnete Maul war bereits 1,87 Meter hoch. In der Folgezeit wurden weitere Versteinerungen von Zähnen gefunden, manche davon waren bis zu fünfzehn Zentimeter lang, woraus man ableiten konnte, daß ihr Besitzer über dreißig Meter lang gewesen sein mußte, was den Dimensionen des größten heute lebenden Säugetiers, des Blauwals, gleichkommt. Dieser Ur-Hai scheint eine vergrößerte Nachbildung des Carcharodon carcharias, des Weißen Hais zu sein, welcher nach dem bis zu achtzehn Meter langen Walhai und dem bis zu dreizehn Meter langen Riesenhai, die beide friedliche Planktonfresser sind, der drittgrößte aller Haifische ist.

Heute ist der Walhai der größte Vertreter aller Fische. Er hat ein riesiges, etwa mit siebentausend Zähnen besetztes Maul, sowie eine Speiseröhre, in die die geschlossene Faust eines Menschen nur mit Müh und Not hineinpassen würde, und daher Ernährungsgewohnheiten, die das Tier absolut harmlos machen. Die zahlreichen Zähne haben dieselbe Funktion wie die Barten der Wale. Ähnlich wie die Wale ernährt sich auch der Walhai. Dabei schwimmt er mit geöffnetem Maul, das er mit Wasser füllt, und seine Nahrung, kleine Tintenfische, Kleinfische und Plankton herausfiltert. Mit Hilfe der Zunge preßt der Walhai das Wasser durch die Kiemen wieder aus. Schwammiges Gewebe, von knorpeligen Stangen gestützt, hält die Nahrung zurück. Manchmal, wenn er unter sich einen Schwarm kleiner Fische ausmacht, taucht er auch mit weitaufgerissenem Maul ab;

Seite 103 *Eines der vielen Geheimnisse, die den Walhai nach wie vor umgehen, ist seine ungewöhnliche mimetische Färbung. Denn die weißen Flecken am Rücken, die sich mit weniger deutlich sichtbaren, aber exakt geometrisch angeordneten Streifen abwechseln, wirken für den Beobachter wie reflektierendes Sonnenlicht an der Wasseroberfläche. Deshalb ist dieser große Fisch von oben aus im Wasser nur sehr schwer zu erkennen. Bislang kann man nicht erklären, aus welchem Motiv dieses Tier sich wohl »versteckt«, der Walhai hat keine Feinde zu fürchten.*

von Zeit zu Zeit stellt er sich senkrecht ins Wasser, öffnet den Rachen und wartet, daß ihm das Futter direkt hineintreibt.

In Kuba wird der Walhai wegen seiner auffälligen Färbung »Pez dama«, »Schachbrettfisch« genannt. Seine Haut ist am Bauch gelb oder weiß, der übrige Körper hat einen dunkelgrauen, grünlichen oder rötlichen Grundton und wird von geraden, hellgrünen Linien durchzogen. Außerdem ist der Körper des Fisches mit gelben oder weißen Punkten besetzt. Das Profil des Tieres ist einzigartig unter den Haien. Das Rückgrat bildet in der Höhe der Brustflossen einen eigentümlichen Bukkel und zieht sich als Kiel bis hinunter zu dem enormen Schwanz, der fast ein Viertel der Gesamtkörperlänge einnimmt. Ungewöhnlich für einen Hai ist auch der nahezu flache Bauch und die ungewöhnliche Form des Mauls, das an einen Delphin der Art Tursiops truncatus erinnert. Die Rükkenflosse ist rundlich und überdurchschnittlich weit nach hinten versetzt. Von vorne betrachtet, könnte man sich den Walhai mit seinen winzigen, hinten am Kopf liegenden Augen und seinem geraden Mund, der sich nicht wie bei den anderen Haien fast am Bauch befindet, als einen riesigen Frosch vorstellen. Ein Tier von solch riesigen Ausmaßen braucht natürlich viel Nahrung. Doch anders als die Wale, die sich in die an Krill reichhaltigen kalten Polargewässer zurückziehen können, muß der Walhai in den warmen Gewässern für Nahrung sorgen. Sein Aktionsradius reicht bis etwa 2400 Meilen nördlich und südlich des Äquators. Besonders häufig ist er vor den Philippinen, an der Westküste Mexikos und im Atlantik bei Florida anzutreffen. Allerdings wurden Walhaie auch schon weiter nördlich gesichtet, vor New York oder bei Honda in Japan, sowie im Süden in der Nähe von Kapstadt und bei Callao in Peru. Manche Exemplare sind sehr standorttreu. Ende des letzten Jahrhunderts blieb ein Walhai jahrelang bei San Juan in Puerto Rico, nachdem er vorher ständig zwischen Kuba und Santo Domingo hin- und hergependelt war. Ein anderer wählte den Küstenstrich von Yucaton in Mexiko zum Wohnsitz, wo er von den Einheimischen den Spitznamen »Big Ben« erhielt. Die Fischer im kubanischen Cojmar wiederum tauften »ihren« Walhai »El Elefante«, »der Elefant«.

Seite 104–105 Walhaie sind, wie Riesenhaie auch, Filtrierer von Plankton, jedoch gestaltet sich ihre Nahrungsaufnahme sehr viel aktiver. Bevor sie ihr Maul aufreißen, suchen sie Bereiche mit besonders hohem Planktonvorkommen auf. Danach bewegen sie den Kopf unaufhörlich von der einen auf die andere Seite, um möglichst viel Plankton einzusammeln. Der Filtrierapparat des Walhais ist mit speziellen Kiemendornen ausgestattet, die auch riesige Mengen von Nahrung zurückhalten. Zudem besitzt dieses Tier eine große Zahl winziger Zähne, pro Kieferbogen etwa 3000–5000, die nicht länger als fünf Millimeter werden und die scheinbar keine praktische Funktion erfüllen.

Seite 106–107 Ein Walhai wird stets von einem ganzen Schwarm von Schiffshaltern begleitet. Die hier abgebildeten gehören zur Art der Echeneis naucrates. Nicht immer hängen sie mit ihren Saugscheiben an den Haien, sondern schwimmen auch oft neben ihnen her.

Seite 108 Die riesigen Meerestiere zeigen sich dem Menschen gegenüber oft ohne Scheu. Sie lassen ohne weiteres die Annäherung und Berührung zu. Oft sind sie es, die als erste Interesse für den Taucher bekunden. In den Ländern am Indischen Ozean berichten Einheimische von Walhaien, die ihre Kanus zum Kentern brachten. Man kann aber davon ausgehen, daß diese Unfälle nicht als Angriff zu werten sind.

Seite 109 *Ebenso wie beim Riesenhai befindet sich auch beim Walhai der Filtrierungsapparat in den Kiemenbögen. Jedoch wurde bei dieser nur wenig erforschten Art die Nahrungsaufnahme noch nicht beschrieben.*

Seite 110–111 *Walhaie sind in sämtlichen tropischen Meeren beheimatet, besonders in Zonen mit reichem Planktonvorkommen mit frischeren Strömungen, die sich unter das warme Wasser mischen.*

DIE HAI-FAMILIE

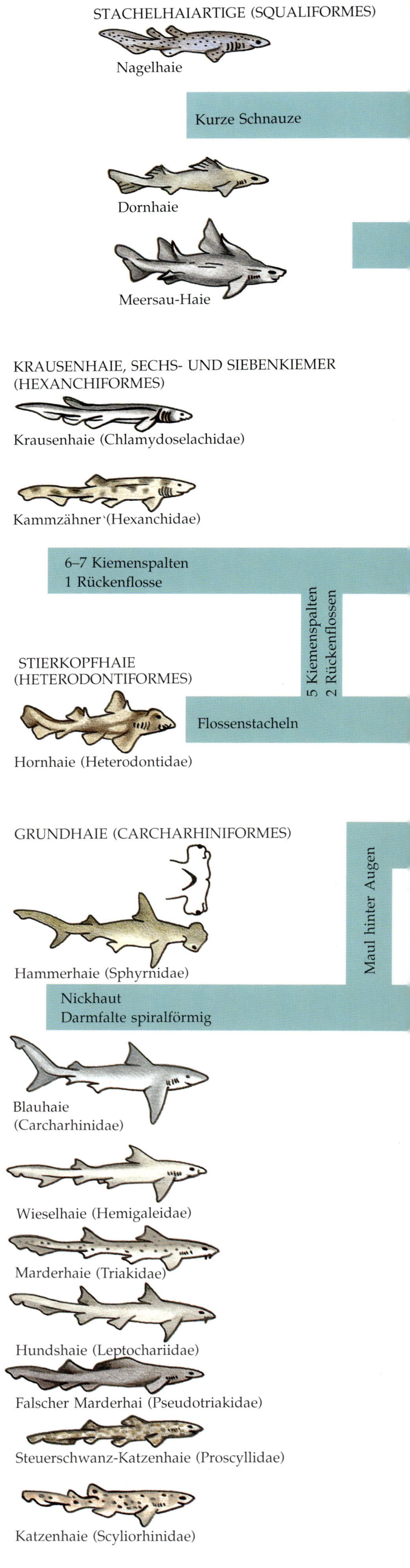

Vom evolutionären Standpunkt aus betrachtet, sind Haie äußerst durchsetzungsfähige Tiere. Ihre Gattung existiert seit Millionen von Jahren, ohne daß sie sich erheblich verändert hätte. Sie sind perfekt an ihre Umgebung angepaßte Räuber und machen Jagd auf nahezu alles, was im Meer schwimmt – Pflanzen indes bleiben von ihnen unberührt. Ihr Appetit gilt allein den Tieren. Dies bedeutet wiederum nicht, daß es alle Arten mit der Gier des Weißen Hais oder des Tigerhais aufnehmen könnten. Die meisten Haie unterscheiden sich stark vom »Hauptdarsteller« aus Spielbergs Film. Es gibt Haie, die zwar im engeren Sinne Raubfische sind, sich aber darauf beschränken, die Schalen von Mollusken zu knacken, kleinere Fische zu erbeuten, oder die nur Zooplankton filtrieren. Häufig werden Haie als »primitiv« bezeichnet. Ihr Hauptmerkmal, das Knorpelskelett, wird evolutionsgeschichtlich als Vorform der Knochen anderer Tiere gesehen. Das heißt dennoch nicht, daß Haie keine hochentwickelten Lebewesen wären. Heute vermutet man, daß die fehlende Verkalkung ihrer Knochen eine spezielle Form der Anpassung darstellt. Weitere Besonderheiten, die den Hai von anderen Fischen unterscheiden, sind die mit kleinen Zacken statt Schuppen besetzte Haut, der heterozerke Schwanz, wobei der obere Lappen stärker ausgeprägt ist als der untere, sowie das Fehlen der Schwimmblase und der Kiemendeckel. Nicht nur das hohe Alter, auch die Fähigkeit, sich an verschiedenste Umgebungen zu gewöhnen, zeigt, daß der Hai von der

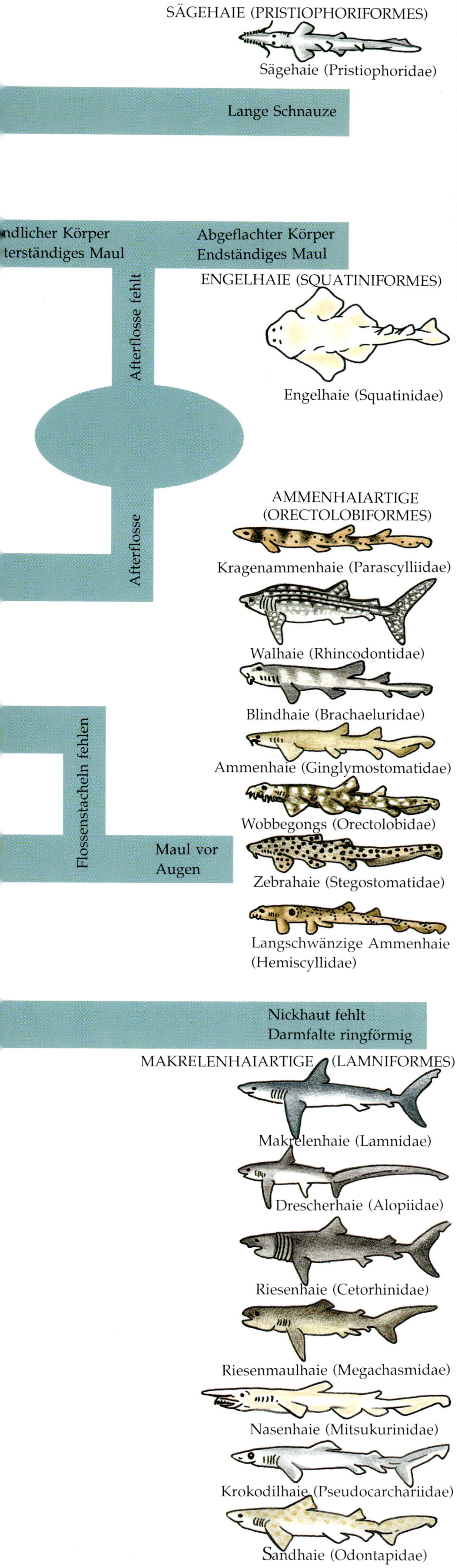

Diese Auflistung der Hauptgruppen der Haie ist die bislang vollständigste Klassifizierung. Sie wurde von Leonard J. V. Compagno erstellt.

Evolution begünstigt ist. Eigentlich ist er in allen Meeren zu Hause, in großen Tiefen ebenso wie in seichten Küstengewässern. Doch nicht nur das: den Gemeinen Grundhai findet man sogar im Süßwasser, denn er schwimmt flußaufwärts und bevölkert einige Seen, wie etwa den Izbal in Guatemala. Über die genaue Anzahl der Haiarten auf der Erde gibt es keine konkreten Zahlen, denn die Klassifizierung der Tiere gilt als schwierig. Es dürften jedoch ungefähr 350 Arten sein, die etwa dreißig verschiedenen Familien angehören und wiederum etwa ein Dutzend Ordnungen bilden. Haie gehören zur Klasse der Knorpelfische, einer Kategorie, der auch die Rochen wie der Feuerflunder, der Zitterrochen oder der Manta angehören. Rochen sind an sich auch Haie, die im Laufe ihrer Entwicklung immer flacher wurden, um besser an das Leben in der Tiefe angepaßt zu sein. Sie gelten als entfernte Verwandte der Seekatzen, die auch als »Seedrachen« bezeichnet werden. Die bekannteren echten Haie bilden eine eigene Unterordnung. Zu dieser gehört beispielsweise die Familie der Makrelenhaie, der Makohaie, aber auch friedliche Arten wie die Riesenhaie.

Die vielleicht bekannteste Familie ist die der Carcharhinidae, der Menschenhaie. Zu dieser zählen auch der Tigerhai, der Blauhai oder der Graue Riffhai. Die Hammerhaie bilden die Familie der Sphrynidae, während Katzenhaie als Seyliorhinidae zusammengefaßt sind.

Der Weisse Hai

Carcharodon carcharias
Länge: 460 cm
Verbreitung: warme Küstengewässer und alle subtropischen Meere

Der Weiße Hai ist sicherlich der gefürchtetste Vertreter seiner Spezies, aber vielleicht auch der am besten erforschte. Für die meisten Angriffe auf Menschen wird er verantwortlich gemacht. Das Durchschnittsgewicht eines mittelgroßen Exemplars beträgt knapp 700 Kilogramm; die größten bisher bekannten Tiere erreichten eine Länge von fast sechseinhalb Metern und ein Gewicht von etwa 2000 Kilogramm. Der Name Weißer Hai ist bezüglich der Färbung etwas irreführend. Sein Rücken ist eher grau oder bräunlich, der Bauch mehr cremefarben als weiß. Am Ansatz der Brustflossen befindet sich nicht selten auch ein schwarzer Fleck. Man kann ihn zudem leicht anhand seiner dreieckigen gezackten Zähne identifizieren. Die Form der Schwanzflosse ist symmetrischer als bei anderen Haiarten, wobei der obere und der untere Lappen fast gleich groß sind. Die Pupillen sind rund und schwarz. Zwar hält sich der Weiße Hai im allgemeinen nicht in Gewässern auf, die nicht mindestens eine Tiefe von dreißig Metern haben, doch ist er entlang der Küstenregionen weit verbreitet. In Zonen mit nur langsam ansteigendem Ufer bewegt er sich lieber in der Nähe des offenen Meeres, während er an schnell abfallenden Küsten, etwa entlang der Westküste der Vereinigten Staaten, öfter die Nähe des Ufers sucht. Zu den körperlichen Besonderheiten, die ihn zu einem gefürchteten Räuber machen, gehört auch die Fähigkeit, eine Körpertemperatur von mehr als zehn Grad gegenüber der Wassertemperatur zu bewahren. Das verleiht vor allem den Muskeln eine ungeheuere Kraft. Der Weiße Hai ist bezüglich seiner Beute nicht wählerisch. Große Fische, einschließlich anderer Haie sowie Meeressäugetiere, wie Delphine, Robben oder andere Flossenfüßer, fallen ihm häufig zum Opfer. Seine Robustheit und seine Schnelligkeit, die bis zu sechzig Stundenkilometer betragen kann, sowie sein entschlossenes Angreifen lassen ihn als den unberechenbarsten Hai erscheinen. Im Gegensatz zu anderen Arten wie dem Tigerhai oder dem Makohai, die ihre Beute erst mehrmals umkreisen, bevor sie zum Angriff übergehen, attackiert der Weiße Hai seine Beute sofort, sobald er sich dazu entschlossen hat. Es sind jedoch auch Tiere beobachtet worden, die beim ersten Kontakt mit Tauchern die Flucht ergriffen haben.

Menschenfresser?

Statistisch gesehen sind Bienen weitaus gefährlicher als Haie; durch sie kommen jährlich wesentlich mehr Menschen zu Tode. Dennoch verkörpert der Weiße Hai für viele den Tod. Zahlreiche Veröffentlichungen versuchen zu erklären, weshalb und wie Haie Menschen angreifen. Die Resultate dieser Untersuchungen sind jedoch oftmals unzureichend und widersprüchlich. Nicht wenige Experten halten es für den besten Schutz vor Haiattacken, gar nicht erst ins Wasser zu gehen. Immer wieder wurde versucht, verschiedene äußere Umstände und Angriffe von Haien in Beziehung zueinander zu set-

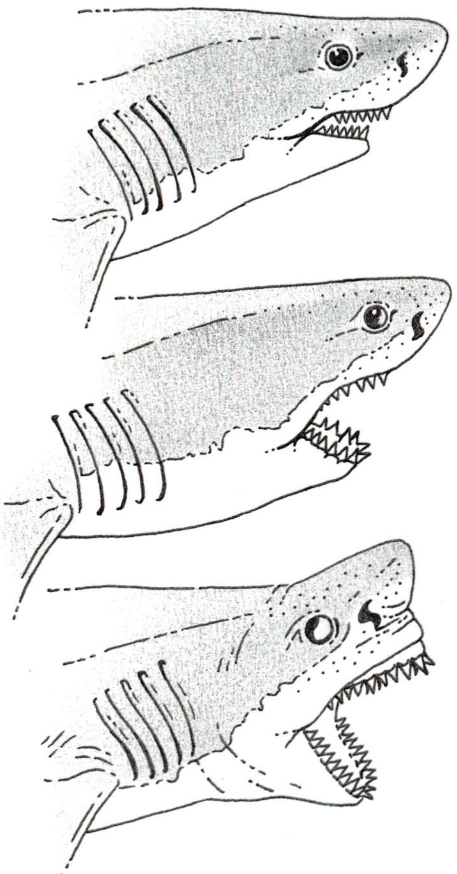

Der Oberkiefer des Weißen Hais kann durch einen Mechanismus nach vorne geschoben werden, und das nun weit geöffnete Maul ist bereit zum Zubeißen.

zen. Wie viele Faktoren hat man nicht bereits in Betracht gezogen: Die Trübung des Wassers, den Salzgehalt, die Tiefe, die Entfernung zur Küste, die Wetterlage, die Farbe der Badekleidung des Opfers, seine Hautfarbe, ob es glitzernden Schmuck trug, die Jahreszeit, die Gezeiten usw.... Zum Beispiel schien es, als ob die Attacken fast ausschließlich in weniger als zwei Metern Wassertiefe erfolgten. Daraus hätte man ableiten können, es sei ungefährlicher, in tiefem Wasser zu schwimmen. Das gleiche Kriterium wurde auch für die Theorie herangezogen, wonach Haie nur in extrem warmem Wasser über 21° Celsius angreifen. Die richtige Erklärung ist hingegen viel einfacher: Dort, wo das Wasser seicht und warm ist, baden schlichtweg auch die meisten Menschen. Einer der bemerkenswertesten Ansätze, Informationen über Haiangriffe zu sammmeln, wurde von Fischkundlern der Washingtoner Smithsonian Institution unternommen, die mit einer Expertengruppe die Shark Attack File, eine internationale Datenbank, einrichteten. In vierzehn Jahren wurden dort 1652 glaubhafte Fälle registriert. Daraus gewann man Erkenntnisse, welche Arten besonders häufig für Unglücksfälle verantwortlich zu machen waren. Allen voran der Weiße Hai, der Makohai, der Gemeine Grundhai, der Hammerhai und der Blauhai. Als gefährliche Küsten gelten die von Australien, vom östlichen Nordamerika, von Afrika, vom westlichen Nordamerika und von Asien. Die am schlimmsten betroffenen Körperteile waren meist Beine, Oberschenkel, Arme, Füße, Hände und Hüften. Bei der Mehrzahl der Fälle zählte man drei Bisse. Mehr als die Hälfte der Opfer schwamm zum Zeitpunkt der Attacke an der Oberfläche. Weitere Bemühungen der Wissenschaftler, die sich vor allem im Auftrag der US-Marine mit Haien beschäftigten, brachten interessante Ergebnisse. So scheint es zum Beispiel, daß den Hai ein ganz bestimmtes Opfer reizt, auch wenn sich mehrere Personen im Wasser befinden. Es kam schon vor, daß herbeigeeilte Helfer einen attackierten Menschen dem Maul des Raubtiers buchstäblich entrissen, ohne selbst angefallen zu werden. Dieser Sachverhalt entbehrt nicht einer gewissen Logik. Viele Fische leben in Schwärmen, weil sie sich dort vor Räubern besser geschützt glauben. Das gleiche gilt für an Land lebende Tiere, etwa für die Gazelle in der Savanne. Ein ganzer Verband potentieller Opfer verwirrt den Räuber, der die Gruppe blindlings angreift, allerdings meist mit geringem Erfolg. Vielleicht konzentriert sich der Hai deshalb auf ein Individuum und schenkt den anderen keine Beachtung. In Gefahr begeben sich Windsurfer, die sich im offenen Meer bäuchlings auf ihrem Brett sonnen, die Arme und Beine von sich ins Wasser gestreckt. Ihre Silhouette sieht für den Weißen Hai den Umrissen eines Seehundes oder einer Ohrenrobbe, also einer

Im Lauf der Jahre hat man immer wieder versucht, Angriffe von Haien mit bestimmten äußeren Faktoren in Verbindung zu bringen, indem man Uhrzeit, Tag und Art und Weise der Attacke sorgfältig registrierte. Die Resultate der Bemühungen waren jedoch nicht zufriedenstellend. Man fand lediglich heraus, daß sich die Unfälle häuften, wenn sich viele Badende im Wasser aufhielten, also vor allem am Wochenende, in den Ferien sowie am späten Vormittag und frühen Nachmittag. Das soll aber nicht heißen, die Haie hätten zu bestimmten Zeiten mehr Appetit als gewöhnlich. Als sicher gilt nur, daß sich die Wahrscheinlichkeit eines Angriffs erhöht, wenn die Strände besonders stark bevölkert sind.

Die linke Grafik zeigt die Häufigkeit (in Prozent) von Haiattacken zu verschiedenen Tageszeiten, die rechte Grafik die Verteilung der Angriffe auf die einzelnen Wochentage.

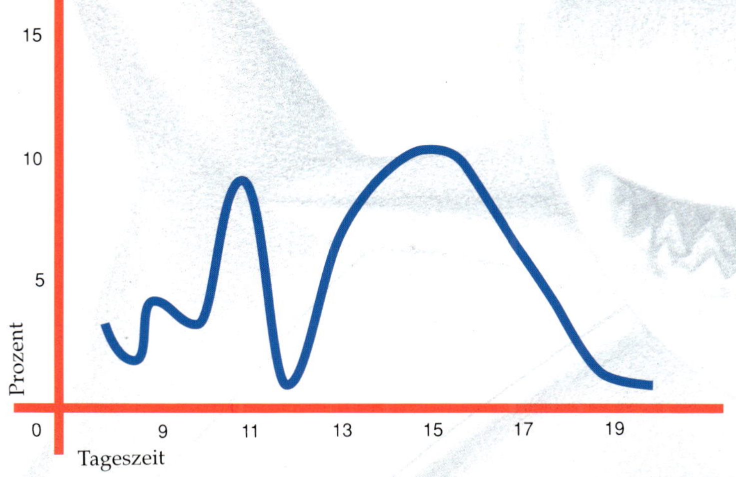

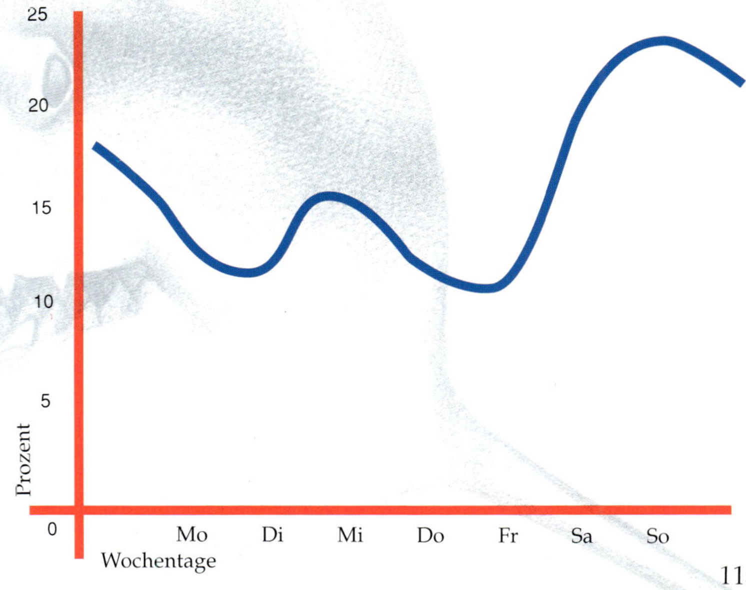

Sehvermögen
Anders als lange Zeit vermutet, verfügen die Haie über ein recht gut entwickeltes Sehvermögen. Die Netzhaut ist sowohl mit Stäbchen (Erkennen von Hell und Dunkel) als auch mit Zapfen (Erkennen von Farben) ausgestattet. Im Augenhintergrund befindet sich eine Zellschicht, auch als Tapetum lucidum bezeichnet, die das Licht auf die Netzhaut reflektiert (wie bei Katzen). Dadurch können Haie auch bei wenig Licht sehen. Bei einigen Arten sind die Augen durch eine bewegliche Membrane, die Nickhaut, geschützt.

Gehör
Das Gehör der Haie ist außergewöhnlich funktionstüchtig. Es dient nicht nur dazu, Töne wahrzunehmen, sondern ist auch Organ für Gleichgewichtssinn und Orientierungsvermögen. Das Hörorgan der Haie ist nur mit einem Gang mit der Außenwelt verbunden. Das innere Ohr befindet sich in der Hirnschale, und die sensiblen Zellen reagieren schon auf sehr niedrige Frequenzen. Diese ausgeprägte akustische Wahrnehmungsfähigkeit erlaubt es dem Hai zusammen mit den anderen Sinnen, schwache Geräusche zu hören, die in großer Entfernung verursacht wurden. Haie nehmen somit ein sehr großes Umfeld wahr.

Seitenlinienorgan
Das Seitenlinienorgan ist ein kompliziertes Sinnesorgan, das auf beiden Seiten entlang des Körpers verläuft. Es beginnt beim Auge und reicht bis zum Ende der Schwanzflosse. In kleinen Kanälen sind winzige Sinnesgruben verteilt, die Druckwellen wahrnehmen. Die Haie fühlen so über eine weite Distanz hinweg Bewegungen von Tieren, vor allem von solchen, die verletzt sind oder sich in einer Gefahrensituation befinden. Die Reize, die das Seitenlinienorgan aufnimmt, werden im Gerhirn mit anderen Informationen verknüpft, bis schließlich das Beutetier lokalisiert, aufgespürt und gefangen werden kann.

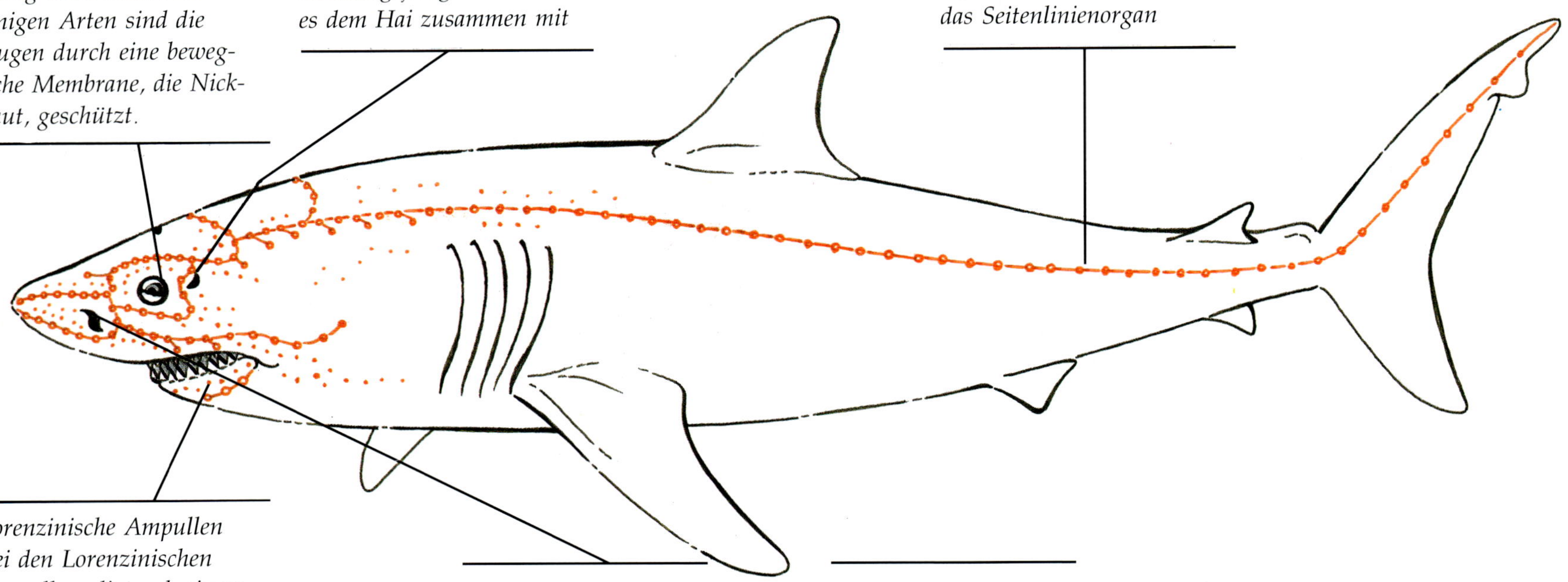

Lorenzinische Ampullen
Bei den Lorenzinischen Ampullen, die nach einem toskanischen Arzt benannt sind, der sie im siebzehnten Jahrhundert erstmals beschrieb, handelt es sich um Sinnesorgane, die durch lange Kanäle mit den Hautporen verbunden sind. Sie nehmen schwache elektrische Felder wahr und verhelfen den Haien, Beutetiere auch bei schlechter Sicht und Dunkelheit aufzuspüren.

Nase
Diese sind spiralförmige Membranen. Im Inneren der Nasenlöcher befinden sich sogenannte Nasensäckchen, wo Gerüche wahrgenommen werden. Der feine Geruchssinn der Haie beansprucht einen Großteil der Gehirnleistung. Haie können die Gerüche von Blut und Fleisch im Wasser schon in geringsten Konzentrationen registrieren und sind in der Lage, einen Tropfen Blut auf mehrere Kilometer Entfernung zu orten.

Beute zum Verwechseln ähnlich. Unklar ist jedoch, warum bei 93 Prozent aller Angriffe die Opfer männlich sind, während nur in 85 von 1162 Fällen Frauen betroffen waren. Dafür bieten sich verschiedene Erklärungsmöglichkeiten an. Zum einen waren im Zeitraum der Datenerfassung durch die Shark Attack File zwischen 1958 und 1972 generell mehr Männer als Frauen unter den Badenden, zum anderen sind Männer temperamentvollere und unruhigere Schwimmer; spritzendes Wasser lockt wiederum Haie an. Andere Theorien besagen, Männer hätten einen anderen Körpergeruch. Eine weitere Mutmaßung geht von einem Schlüsselreiz aus, der den Hai zum Angriff verleitet, wenn eine Person plötzlich ins Wasser fällt oder springt. Das könnte auf das Tier wie eine Drohgebärde wirken. Obwohl dies nur eine Vermutung ist, könnte dahinter ein neuer Ansatz stecken, nämlich, daß Haie nicht gezwungenermaßen angreifen, nur um zu fressen. Bislang ging man immer davon aus, die Tiere würden aus Hunger Menschen anfallen, um so mehr, als eine der zahlreichen Legenden über Haie besagt, die Meeresräuber suchten gezielt nach Menschenfleich, wenn sie erst einmal davon gekostet hätten.

Heute wird das Verhalten des Weißen Hais jedoch anders interpretiert. Man geht davon aus, daß Angriffe einen Versuch darstellen, die Beute zu identifizieren. Rodney Fox wurde von der Seite, etwas unterhalb der Schulter gepackt. Wenn es der Hai gewollt hätte, wäre es dem Tier ein leichtes gewesen, ihn in zwei Stücke zu reißen. Es ist also denkbar, daß der Hai von seinem Opfer, das er für ein Beutetier hielt, nur probiert hat, um daraufhin abzudrehen und festzustellen, es handelte sich dabei doch um etwas anderes. Dies sagt viel über das Jagdverhalten der Großhaie aus. Alles, was sich im Meer bewegt, könnte eine Beute sein. Die sicherste Art, sich darüber klarzuwerden, ist, es zu fressen. Einige Überlegungen könnten für die Theorie vom nicht menschenfressenden Hai sprechen. Da wäre zunächst die Tatsache, daß von der hohen Zahl der Angriffe nur etwas mehr als zwei Drittel tödlich waren. Außerdem stirbt das Opfer nicht im Bauch des Tieres, sondern meist an Verblutung, Verletzungen der inneren Organe oder durch den erlittenen Schock. Was die Funde von menschlichen Körperteilen in Haimägen angeht, kann man nicht immer beweisen,

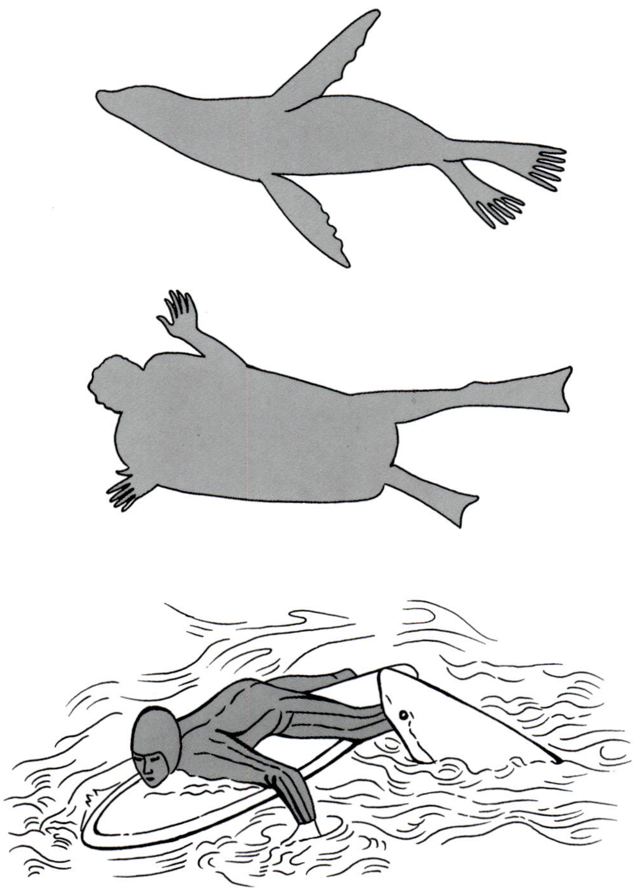

Die Silhouette eines auf einem Surfbrett liegenden Menschen (hier trägt er auch Flossen) ähnelt sehr stark der von Flossenfüßern, die zur alltäglichen Beute der Haie zählen. Wohl aus diesem Grund werden Surfer besonders häufig von Haien angegriffen.

ob sie von einer Attacke auf eine lebende Person oder von einer im Wasser liegenden Leiche stammen. Haie haben eine gewisse Lernfähigkeit bezüglich ihrer Nahrung. Wenn es stimmte, daß die Tiere Geschmack an Menschenfleisch gefunden hätten, würden sie im Sommer entlang der Strände lauern, so wie sie den Schiffen folgen, von denen Abfälle ins Meer geworfen werden. Eine Ausnahme bilden Schiffbrüchige, wie sie während des Krieges von Haien getötet wurden. Das mag damit zusammenhängen, daß durch sie alle Reize ausgelöst werden, die Haie anlocken. In diesen Fällen befindet sich eine große Anzahl sich hektisch bewegender und schreiender Personen im Wasser, die eventuell verletzt sind, möglicherweise nachdem eine Explosion vorausgegangen ist. Der Zweite Weltkrieg zeigte auf dramatische Weise, daß Haie in dieser Situation gerne über Menschen herfallen. Es heißt, es genüge ein Blutstropfen, schon kämen die Räuber angeschwommen. Auch wenn es wahr ist, daß Haie einen ausgesprochen guten Geruchssinn haben und in Experimenten eine Vorliebe für menschliches Blut gegenüber dem von Ratten zeigten, sind auch Fälle verbürgt, in denen Haie nach einem Biß sofort von ihrem nun stark blutenden Opfer abließen. Zudem werden nicht immer andere Haie angelockt, noch bricht unter den Tieren notwendigerweise die gefürchtete Freßwut aus. Letzteres ist ein beunruhigendes Phänomen, bei dem sich die Haie manchmal sogar gegenseitig ineinander verbeißen. Dieses Verhalten wird allerdings nicht unbedingt als natürlich erachtet. Es könnte die Reaktion auf eine vom Menschen heraufbeschworene Situation sein, denn es ist vor allem dann zu beobachten, wenn große Mengen von Ködern als Lockmittel ins Wasser geworfen werden. Eine letzte Überlegung könnte alle wissenschaftlichen Erklärungsversuche für Haiangriffe weitgehend sinnlos erscheinen lassen. Wir wissen zwar, wie viele Menschen durch diese Tiere verletzt werden, und können daraus Statistiken erstellen, eine Vergleichsgröße wird jedoch immer fehlen. Wir werden nie erfahren, wie oft ein Hai nicht angriff, obwohl er dazu Gelegenheit gehabt hätte.

Die Karte gibt einen Überblick über Gebiete, in denen Menschen durch Angriffe von Haien zu Schaden kamen. Der Gefährdungsgrad ist unterschiedlich, und zu den unsicheren Regionen zählen die Küste von Natal im südlichen Afrika, die australische Westküste und Kalifornien. Man kann jedoch aufgrund der verfügbaren Daten noch keine zuverlässige Auskunft über die tatsächliche Situation geben.

Rot sind die Abschnitte markiert, in denen mehr als 100 Angriffe stattfanden, grün Gebiete mit 50 bis 100, gelb die mit 30 bis 50, schwarz die mit 10 bis 30 und orange die mit einer bis zehn Attacken.

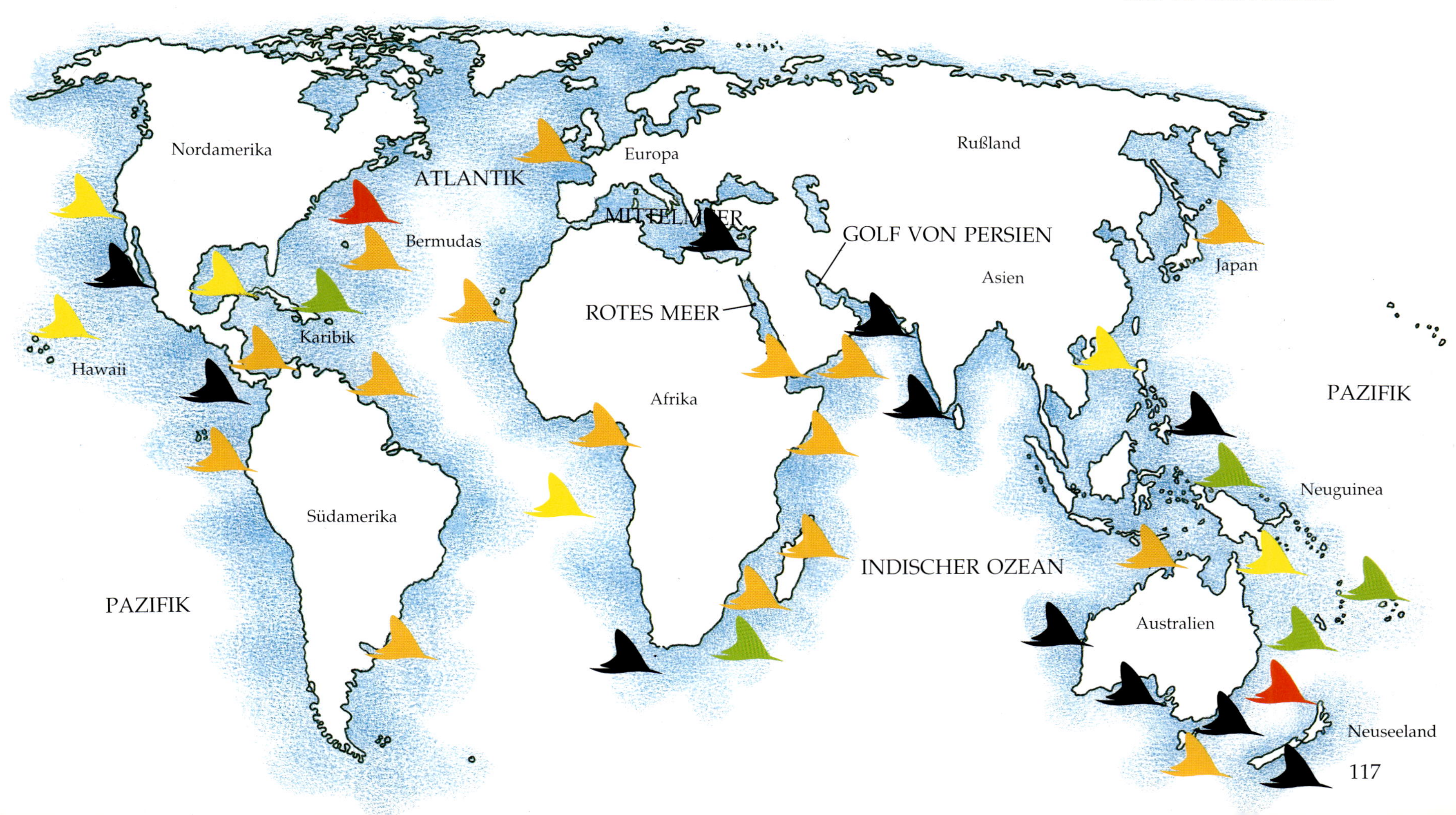

Tigerhai

Galeocerdo cuvieri
Länge: 330–420 cm
Verbreitung: mäßig warme und tropische Gewässer

Im Englischen heißt er Garbage can shark, »Müllschluckerhai«, weil er den Ruf hat, wirklich ein Allesfresser zu sein. Von Autonummernschildern über Mineralwasserflaschen bis zu Überresten von menschlichen Körpern fand man bereits alles im Magen dieses gefräßigen Großhais, der bis zu fünfeinhalb Meter lang werden kann. Seinen Namen erhielt der Tigerhai wegen der dunklen Flecken auf seinem Rücken, die bei größeren Tieren länglicher sind und Streifen bilden. Da er sich den unterschiedlichsten Umweltbedingungen ausgesprochen gut anpassen kann, findet man diese Art fast überall. Sehr zahlreich kommen Tigerhaie in der Karibik vor. Sie halten sich in Küstennähe ebenso auf wie in warmen Regionen des offenen Meeres. Vor allem nachts neigen sie auch dazu, ans Ufer heranzuschwimmen, wo das Wasser sehr seicht ist. Tigerhaie vermitteln oftmals den Eindruck, als seien sie sehr behäbige Schwimmer, sollten sie jedoch Beute wittern, werden sie lebhaft und aktiv. Nicht umsonst gilt der Galeocerdo cuvieri als eine der für den Menschen gefährlichsten Arten.

Der geborene Räuber

Es ist gar nicht so selten, daß Haie als gierige Freßmaschinen beschrieben werden. In Wirklichkeit verfügen die Raubfische, wie übrigens alle Tiere, lediglich über Anlagen, die ihnen das Überleben in ihrem Element gestatten. Dazu gehören in erster Linie die Fähigkeiten, sich zu ernähren, sich fortzupflanzen und vor Feinden zu flüchten. Letzteres benötigen Großhaie allerdings weniger, da sie selbst eher zum Jäger statt zum Gejagten bestimmt sind. Doch bevor eine Beute verschlungen werden kann, muß sie ausfindig gemacht, gejagt und schließlich gepackt werden. Es sind einige ausgeklügelte Eigenschaften, welche die Haie für diesen Zweck nutzen: Während die Brustflossen als Ruder dienen, wird für die Beschleunigung im Wasser hauptsächlich die Schwanzflosse eingesetzt, deren oberer Lappen bei etlichen Arten ausgeprägter ist als der untere. Besonders die Haie der Familie der Lamnidae halten den Körper beim Schwimmen gerade und bewegen nur den Schwanz hin und her. Bei anderen Haien wirkt die Fortbewegung dagegen wesentlich agiler, und sie gehören in ihrer Gesamtheit zu den schnellsten aller Fische. Manche Tiere erreichen sogar eine Geschwindigkeit von 50 bis 60 Stundenkilometern, obgleich sie nicht in der Lage sind, dieses Tempo über längere Strecken durchzuhalten. Bevor sie sich indes auf ihre Beute stürzen können, müssen sie diese zunächst einmal orten, wofür ein Hai aber nicht minder gut befähigt ist. Der Ausdruck »schwimmende Nase« taucht in diesem Zusammenhang des öfteren auf, um die außergewöhnlich effiziente Tätigkeit der Sinnesorgane zu beschreiben. Nicht umsonst nimmt der Geruchsapparat mehr als die Hälfte des gesamten Gehirns ein. Über die Fähigkeit der Haie, menschliches Blut zu wittern, wird viel diskutiert. Experimente haben bestätigt, daß die Tiere nur einen Tropfen davon in knapp hundert Litern Wasser riechen können. Anders als bisher angenommen ist auch die visuelle Wahrnehmung der Haie nicht so sehr eingeschränkt, obwohl Lichtstrahlen das Wasser nicht weiter als zehn bis zwanzig Meter durchdringen. Um dieses wenige Licht auszunutzen, verfügen die Meeresräuber über besondere Einrichtungen. Im Auge hinter der Retina befindet sich eine reflektierende Schicht. Dort auftreffende Strahlen werden zurück auf die Retina reflektiert und verstärken auf diese Weise das vorhandene Licht. Die Größe der

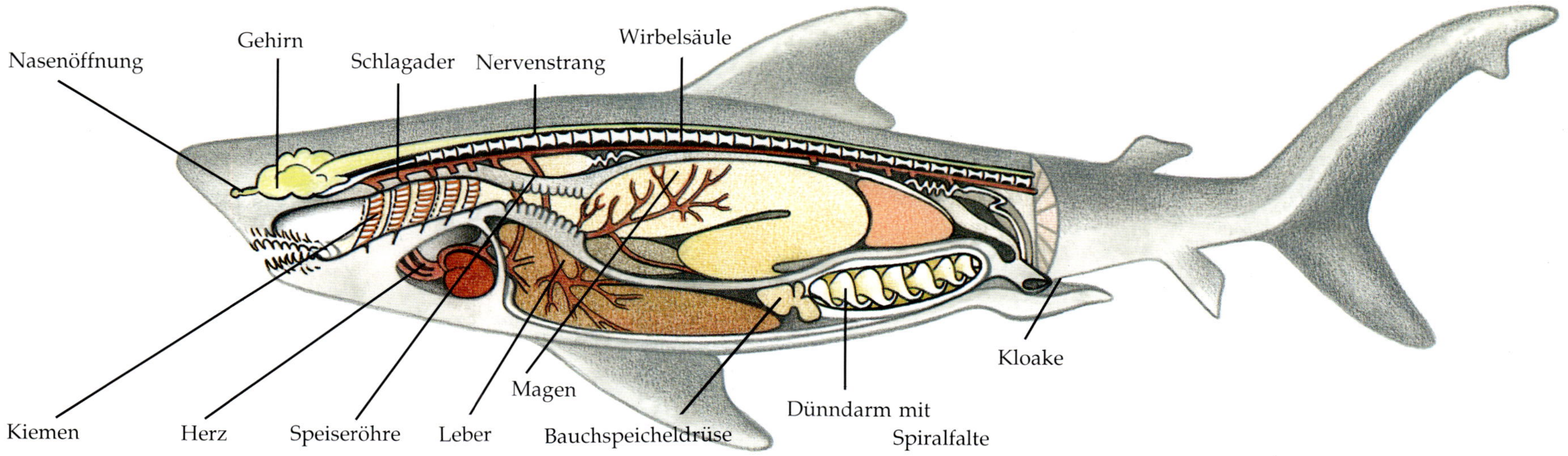

Pupille hängt davon ab, ob ein Hai einer Art angehört, die eher geringere oder größere Wassertiefe vorzieht. Der charakteristische kalte Blick ist darauf zurückzuführen, daß der Hai die Augen nicht schließen kann, außer für kurze Momente. Dies hängt mit dem sogenannten Nickhäutchen zusammen, es handelt sich um ein drittes Lid, das bei einigen Arten das Auge bedeckt, um es in bestimmten Situationen zu schützen, etwa im Augenblick des Zubeißens. Beute außerhalb der Sichtweite kann indes mit Hilfe des Gehörs lokalisiert werden. Doch Haie können nicht nur mit den Ohren hören – auch mit dem Seitenlinienkanal, der entlang dem Körper verläuft. Er gibt dem Hai die Möglichkeit, sowohl akustische als auch Druckwellen zu registrieren. Somit kann er nicht nur Töne hören, sondern auch die Bewegungen anderer im Wasser lebender Tiere wahrnehmen. Man nimmt an, daß Haie auf diese Weise in der Lage sind, selbst schwache Schwingungen aus fast zweihundert Meter Entfernung wahrnehmen zu können. Weiter verfügt der Hai über einen ausgeprägten Geschmackssinn und einen Tastsinn, der eher unterentwikkelt ist, sowie über den Sinn, Elektrizität wahrzunehmen. Mit dem Zusammenspiel dieser Sinne kann der Angriff auf die Beute gelingen.

Die Zähne der Haie sind sehr scharf und furchterregend. Im Unterschied zu den Zähnen des Menschen sitzen sie nicht direkt am Kieferknochen, sondern im Mundgewebe. Sie wachsen in direkt aufeinanderfolgenden Reihen und dringen allmählich zum äußeren Ende des Mauls vor. Dadurch ist immer nur die vorderste Zahnleiste in Verwendung, die von der unmittelbar dahinterliegenden ersetzt wird, sobald sie abgenutzt ist. In einigen Fällen wird eine Zahnreihe jede Woche erneuert, so daß der Hai in zehn Jahren einen Verschleiß von annähernd zwanzigtausend Zähnen haben kann. Darüber hinaus besitzen die Raubfische nicht nur im Maul Zähne. Sie starren im wahrsten Sinne des Wortes davor, denn ihre Haut ist nur deshalb so rauh, weil sie von unendlich vielen zahnförmigen Placoidschuppen überzogen ist. Deren Struktur ähnelt der der richtigen Zähne. Die Spitze jedes Zähnchens zeigt nach innen, so daß die Haut glatt wirkt, wenn man von vorne nach hinten über sie streicht, während die Oberfläche in der Gegenrichtung rauh ist. Eine Ausnahme bildet der Riesenhai, dessen Zähnchen in alle Richtungen zeigen. Die Placoidschuppen und Kieferzähne der einzelnen Haie unterscheiden sich jedoch so stark voneinander, daß Experten die verschiedenen Arten allein an diesem Merkmal erkennen können. Vielfach konnte man anhand der Bißwunden den Angreifer identifizieren. Doch auch die Placoidschuppen lassen Rückschlüsse auf ihren Besitzer zu, obwohl sie an manchen Körperteilen unterschiedlich geformt sind. Sie allein stellen für den Menschen bereits eine Gefahr dar, denn sie können bei der Berührung mit einem Hai zu sehr schmerzhaften Hautabschürfungen führen.

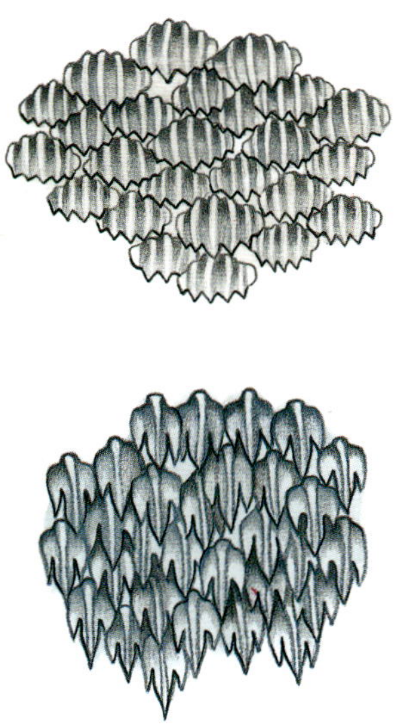

Die typisch rauhe Haut der Haie rührt her von den Placoidschuppen, die auch Hautzähne genannt werden. Diese bedecken den gesamten Körper der Haie und sind so angeordnet, daß sie das Wasser kanalisieren. Auf diese Weise wird die Reibung während des Schwimmens auf ein Minimum reduziert. Auf der Zeichnung oben sind die Hautzähne des Walhais abgebildet, unten die des Grauhais.

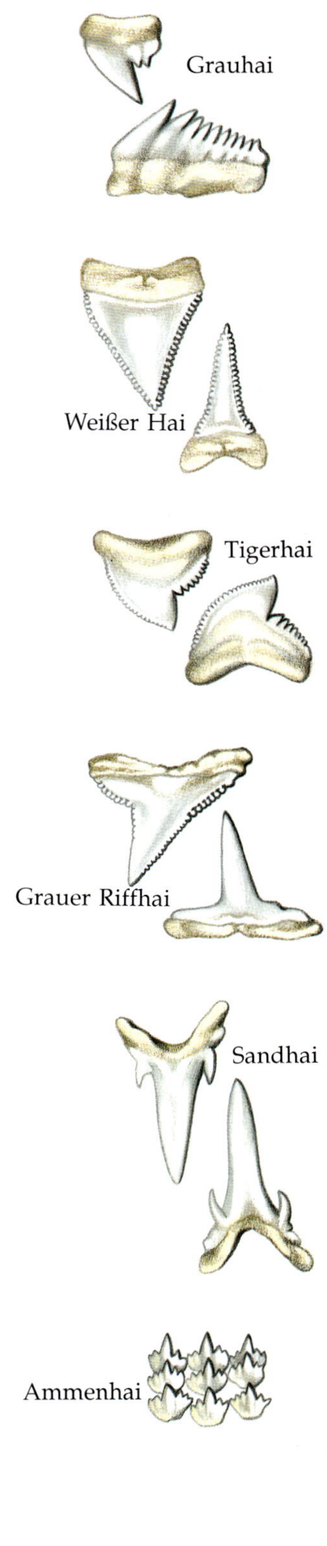

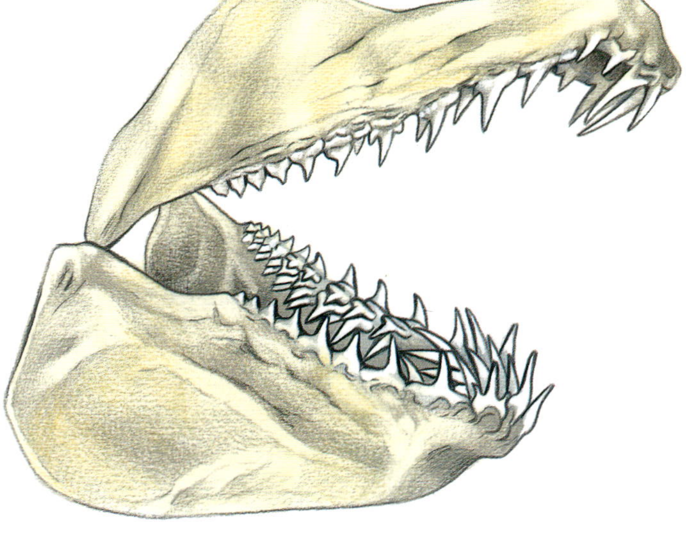

Die verschiedenen Haiarten haben so charakteristische Zähne, daß es möglich ist, anhand der Bißspuren eine bestimmte Art zu identifizieren. Die Form der Zähne ist von der Funktion und der Ernährungsgewohnheit der jeweiligen Haiart bestimmt. Die Zähne stehen in mehreren Reihen im Maul des Tieres (links das Gebiß eines Sandhais) und werden in regelmäßigen Abständen durch nachwachsende ersetzt. Die alten Zähne wandern nach außen.

SANDTIGER

Odontaspis taurus
Länge: 220–300 cm
Verbreitung: tropische und mäßig warme Küstengewässer aller Weltmeere

Das Charakteristikum dieser Art sind die eindrucksvollen Zahnreihen, die aus dem Maul herausragen. Die Zähne sind allerdings ziemlich empfindlich und weniger geeignet, um Fleischbrocken aus dem Körper von Beutetieren zu reißen, sondern dienen vielmehr dazu, andere Fische zu packen, die dann im Ganzen verschlungen werden. Typisch sind auch die beiden etwa gleich großen Rückenflossen.

Der Sandhai bevorzugt eher seichte bis etwa 200 Meter tiefe Gewässer, die nicht allzuweit von der Küste entfernt sind. Er ist kein sehr lebhafter Schwimmer und wird vor allem nachts aktiv. Den Tag verbringt er in Ruhestellung auf dem Meeresgrund. Für den Menschen gilt er als ungefährlich, doch fühlt er sich manchmal zum Angriff herausgefordert, wenn er belästigt wird. In Australien wurden ihm einige Attacken zugeschrieben, wobei sich aber später herausstellte, daß sie wahrscheinlich das Werk anderer Arten waren. Dem verhältnismäßig stillen Wesen der erwachsenen Tiere steht das der Föten entgegen, die ihre kleinsten Artgenossen noch im Bauch der Mutter verspeisen. Deshalb bringen Sandhaie im Höchstfall zwei Junge zur Welt, je eines pro Uterus.

DIE FORTPFLANZUNG DER HAIE

Dem amerikanischen Zoologen Steward Springer ist etwas wirklich Einmaliges widerfahren: Er wurde von einem noch nicht geborenen Hai gebissen. Dies ereignete sich, als er gerade einen weiblichen Sandhai sezierte. Es eröffnete ihm einen neuen Weg, eines der zahlreichen Phänomene im Zusammenhang mit der Fortpflanzung der Haie zu beschreiben, nämlich den sogenannten Gebärmutterkannibalismus. Das Thema der Fortpflanzung ist unerschöpflich und gibt nicht selten Anlaß zu einiger Verwirrung, wenn einerseits von eierlegenden Fischen die Rede ist und andererseits von lebend zur Welt gebrachten Jungen. In Wahrheit verfügen Haie über mehrere Fortpflanzungstechniken, einige Arten haben sogar Wege der Zeugung gefunden, die stark an das Verhalten von Säugetieren erinnern. Das heißt nicht, daß sie mit diesen verwandt wären, aber es bedeutet, daß beide Klassen im Laufe der Evolution ähnliche Mittel zur Lösung desselben Problems anwendeten. Für viele Meeresräuber bedeutet der Augenblick der Paarung die einzige Beziehung zu ihren Artgenossen. Doch auch dieses Verhältnis ist nicht gerade von Zärtlichkeit geprägt. So sind Bisse des Männchens Bestandteil der Liebeswerbung, mit welcher die Weibchen umgarnt werden. Meist hinterläßt das Liebesspiel Bißwunden und Abschürfungen bei beiden Partnern. Um jedoch ernsthafte Verletzungen zu vermeiden, ist die Haut des Weibchens wesentlich dicker als die der Männchen. Männliche Haie erkennen sich an den beiden zusammengerollten Bauchflossen, die von harten Knorpelstückchen gestützt werden. Normalerweise sind diese Flossen nach innen geklappt, doch im Moment der Begattung werden sie nach vorne hin ausgerollt, so daß sie beide die Öffnung eines Siphons freigeben, einer sich unter der Haut befindlichen Tasche, die sich mit Wasser füllt. Die nach vorne geklappten Flossen bilden eine Art Röhre, die dann in die Kloake des Weibchens eingeführt wird, eine Geschlechtsöffnung, die gleichzeitig Öffnung für Darm und Harnblase ist. Darin wird das im Siphon eingelagerte Wasser ausgestoßen, das jetzt mit Sperma vermischt ist.

Nach der Befruchtung hat jede Art eine eigene Methode, die Nachkommenschaft auszutragen. Eierlegend (ovipar) sind vor allem die in Grundnähe lebenden Haie. Lebendgebärende Raubfische nennt man vivipar. Andere Exemplare, die sogenannten ovoviviparen, wählen einen Mittelweg. Sie produzieren zwar Eier, das Jungtier schlüpft aber noch im Körper der Mutter. Eierlegende Haie sind zum Beispiel der Katzenhai und die Mitglieder der Familie der Stierkopfhaie (Heterodontiformes). Erstere bilden transparente Eikapseln aus, in denen das Junge etwa acht bis neun Monate lebt. Diese Kapsel ist mit Fäden an Pflanzen befestigt. Die anderen, insbesondere der Heterodontus, eine kleine in Bodennähe lebende Art, legen seltsam spiralförmige Eier ab, die in Felsspalten befestigt werden, von wo sie kaum entfernt werden können und in denen sie sich dann verhärten. Variantenreicher ist hingegen die Fortpflanzung der viviparen Haie, zu denen man vierzig der bislang fünfzig bekannten Haifamilien zählt. Zoologen neigen heute außerdem dazu, auch die ovoviviparen Arten in diese Kategorie einzuordnen, da es schwierig ist, eine klare Trennungslinie zwischen lebendgebärenden und ovoviviparen Tieren zu ziehen. Der Hauptunterschied besteht darin, daß der Fötus von der Mutter ernährt wird. Es gibt Embryonen, die im Körper des Weibchens ihren eigenen Dottervorrat auffressen und dann darauf warten, bis neue Eier in den Eileiter gelangen, um anschließend diese zu verspeisen. Im Extremfall werden die Föten gänzlich von der Mutter ernährt, wie es auch bei Säugetieren der Fall ist. Bei lebendgebärenden Arten, etwa den Vertretern der Familie der Menschenhaie, der Hammerhaie oder der Marderhaie, verwandelt sich ein Teil des Eileiters in ein Organ, das der Gebärmutter der Säugetiere sehr ähnlich ist. Durch dessen Wand hindurch wird der Embryo lange Zeit – man vermutet einen Zeitraum von neun Monaten bis zu zwei Jahren – ernährt. Zudem verfügen diese Arten über eine Nabelschnur und eine sogenannte Vorplazenta, die eine ähnliche Funktionsweise wie die der Säugetiere hat. Zu letzteren gibt es allerdings einen sehr großen Unterschied, denn im Gegensatz zu Walkühen kümmern sich Haimütter nach der Geburt überhaupt nicht mehr um ihren Nachwuchs. Kaum auf der Welt, bleibt das Neugeborene schon sich selbst überlassen. Da es jedoch bereits gut entwickelt ist für ein Leben als Räuber, kommt es auch ohne Eltern bestens zurecht.

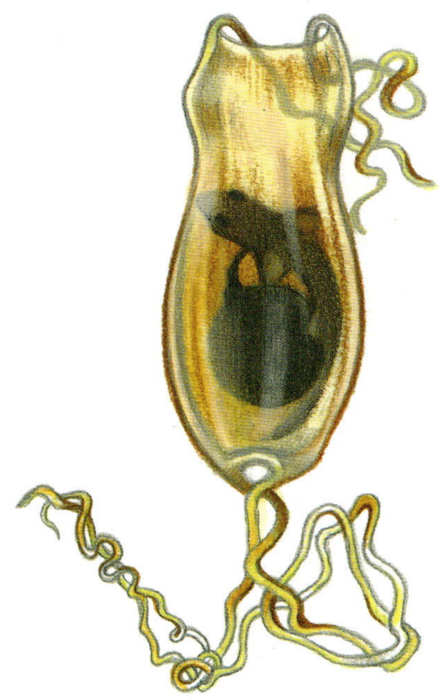

Einige Haiarten pflanzen sich fort, indem sie Eier ablegen. Links ist das Ei eines Hornhais abgebildet. Es ist schneckenförmig und wird in Felsritzen geklemmt, wo es bis zum Schlüpfen der Jungen verbleibt. Die Eier der Katzenhaie hingegen (rechts) werden mit »Fäden«, die sich an den äußeren Enden befinden, in den Nischen von Höhlen befestigt. Darin reifen die Embryos acht bis neun Monate heran.

Die Abbildung (oben) zeigt den Uterus eines Menschenhaiweibchens mit drei Embryos. Obwohl sie Fische sind, haben die Haie eine Fortpflanzungsmethode entwickelt, die dem Säugetier sehr ähnlich ist. Dies gilt vor allem für die sogenannten viviparen (lebendgebärenden) Arten, bei denen die Jungen im Mutterleib durch eine Plazenta ernährt werden. Bei den ovoviviparen (eierlegenden) Arten erfolgt die Ernährung hingegen durch den Eisack.

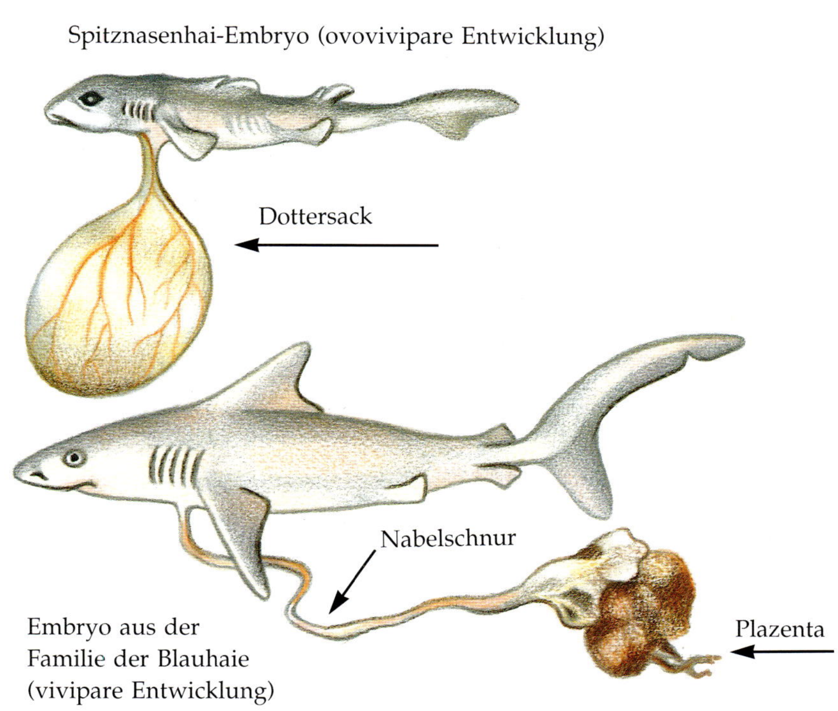

Hammerhai

Sphyrna spp.
Länge: 90–550 cm
Verbreitung: temperierte und tropische Gewässer weltweit

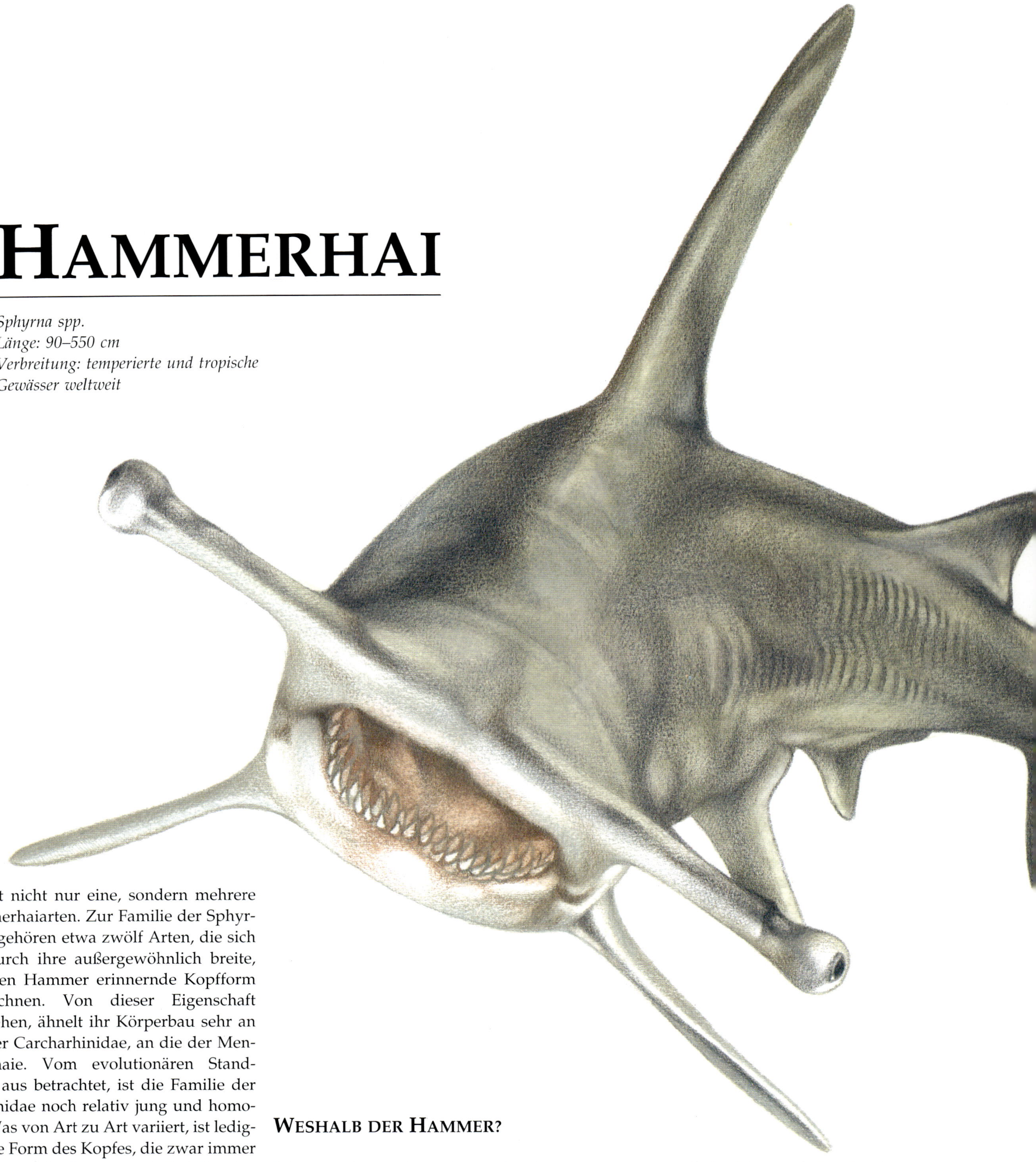

Es gibt nicht nur eine, sondern mehrere Hammerhaiarten. Zur Familie der Sphyrnidae gehören etwa zwölf Arten, die sich alle durch ihre außergewöhnlich breite, an einen Hammer erinnernde Kopfform auszeichnen. Von dieser Eigenschaft abgesehen, ähnelt ihr Körperbau sehr an den der Carcharhinidae, an die der Menschenhaie. Vom evolutionären Standpunkt aus betrachtet, ist die Familie der Sphyrnidae noch relativ jung und homogen. Was von Art zu Art variiert, ist lediglich die Form des Kopfes, die zwar immer das Schema des Hammers beibehält, aber von den stark verlängerten Fortsätzen des Sphyrna blochii, der die ausgeprägteste Form repräsentiert, bis zu den abgerundeten Lappen des Sphyrna tiburo, den die Engländer bezeichnenderweise Bonnethead – Kopfhörerhai – nennen, reicht.

Im Gegensatz zu den Gewohnheiten anderer Haiarten versammeln sich einige Arten der Hammerhaie gelegentlich in enorm großen Gruppen, so zum Beispiel im Cortez-Meer in Mexiko. Sie pflanzen sich vivipar fort, die Hammerhaie bringen also lebende Junge zur Welt. Viele ihrer Arten sind Wanderer. Im allgemeinen wird diese Haifamilie als gefährlich für den Menschen eingestuft.

Weshalb der Hammer?

Schon häufig wurde nach einer Erklärung für die seltsame Kopfform des Hammerhais gesucht. Bei dieser Haifamilie sind die Augen- und Nasenregionen des Schädels mit den zwei Lappen, die vom Knorpelskelett und dem Bindegewebe geschützt werden, verbreitert. Die Augen befinden sich jeweils am äußersten Ende des Kopfes. Betrachtet man die Funktionen des hammerähnlichen Kopfes, kommt man im wesentlichen zu zwei Schlußfolgerungen. Zum einen könnte die Kopfform auf irgendeine Art und Weise die Wahrnehmungsfähigkeit steigern, zum anderen ist es denkbar, daß so die Hydrodynamik besser genutzt werden kann. Man muß dann aber davon ausgehen, daß der Hammerhai nicht einfach das Resultat einer willkürlichen Mutierung ist. Heute ist jedoch die Mehrheit der Zoologen der Meinung, für die Veränderung der körperlichen Strukturen müsse auch ein Motiv vorhanden sein. So könnten die beiden Lappen, die aus dem Kopf herausragen, eine Möglichkeit darstellen, das räumliche Sehen zu verbessern. Denn in der Tat setzt die Wahrnehmung eines dreidimensionalen Bildes einen gewissen Abstand zwischen beiden Augen voraus. Bei einem großen Hammerhai kann es sein, daß dieser Abstand einen halben Meter beträgt. Es ist also vorstellbar, daß das Tier gut in der Lage ist, sowohl die Entfernung als auch die

Bewegung von Objekten, zum Beispiel von Beute, abzuschätzen. Weiter verfügen die Hammerhaie über eine sehr kräftige Muskulatur für die seitliche Beweglichkeit des Kopfes. Aber es gibt auch einen Einwand gegen diese Theorie. Bei Tieren, die wie der Mensch zwei Augen besitzen, müssen sich das linke und das rechte Sehfeld zum Teil überschneiden. Dies aber ist bei den Hammerhaien nicht der Fall, es scheint vielmehr so, als würden sie zwei völlig verschiedene Bilder sehen.

Haie verfügen auch über einen speziellen elektrischen Sinn, der es ihnen erlaubt, auch schwache Elektrizität, die ihre Beutetiere aussenden, zu registrieren. Die Elektrorezeptoren, die für diese Funktion verantwortlich sind, sitzen am unteren Teil des Kopfes. Die großen Sphyrna mokarran fressen beispielsweise nicht wahllos, wie man vielleicht meinen könnte, sondern bevorzugen eindeutig Rochen. Diese aber verstecken sich für gewöhnlich im Sand. Von Zeit zu Zeit kann man Hammerhaie beobachten, die direkt am Meeresgrund schwimmen und den Kopf von einer zur anderen Seite bewegen, so als benutzten sie einen »Metalldetektor«, um jenes schwache Signal zu finden, das anzeigt, daß Beute in der Nähe ist.

Die starke Verbreiterung des Kopfes könnte auch eine Art Tragflügelfunktion haben. Denn anders als die Knochenfische haben die Haie keine Schwimmblase, die dafür sorgt, daß der Auftrieb tariert. Zwar sorgt die mit Öl gefüllte Leber für ausreichend Auftrieb, aber auch die Anatomie der Haie ermöglicht dies durch die Form von Bauch, Flossen und Kopf. Dieser Gedanke erscheint um so plausibler, wenn man bedenkt, daß der Kopf des Hammerhais im Querschnitt die Form von Flugzeugflügeln aufweist. Oben platt und unten gewölbt, um ein Objekt, das sich bewegt, nach oben zu drücken. Das würde bedeuten, daß der Hammerhai eine Art lebendiges Unterwasserflugzeug darstellt, dem eine außergewöhnliche Manövrierfähigkeit zu eigen ist.

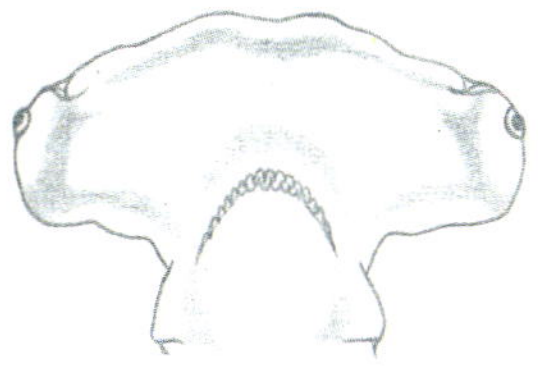

Sphyrna tudes

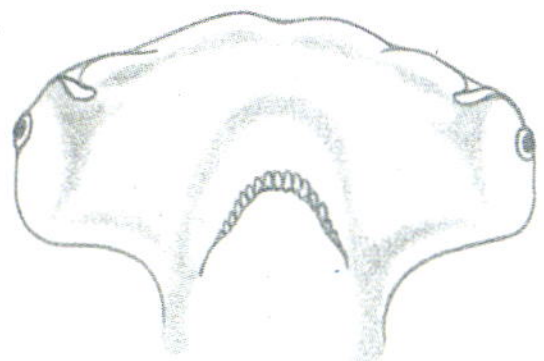

Sphyrna media

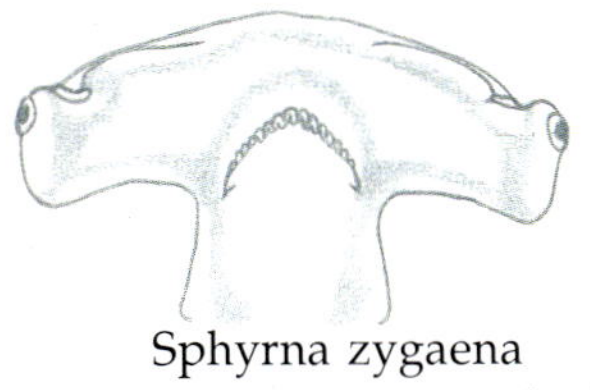

Sphyrna zygaena
(Glatter Hammerhai)

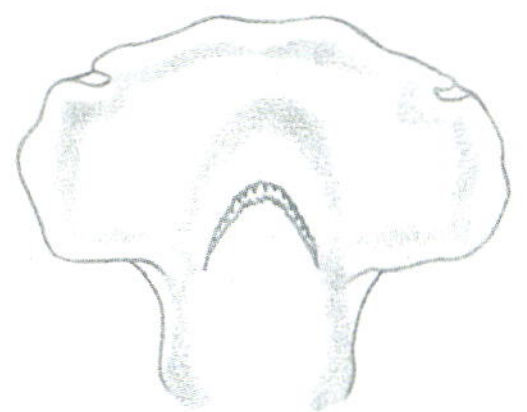

Sphyrna corona

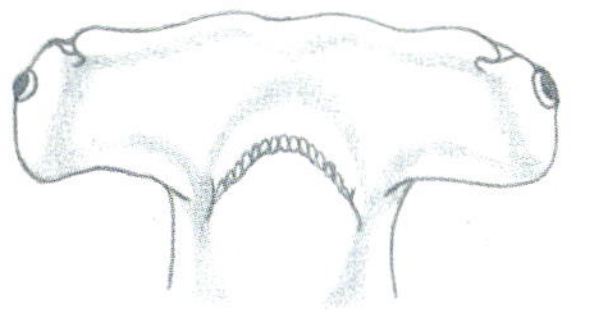

Sphyrna mokkaran
(Großer Hammerhai)

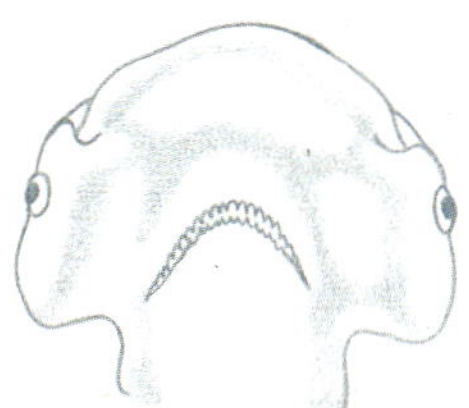

Sphyrna tiburo
(Schaufelkopf-Hammerhai)

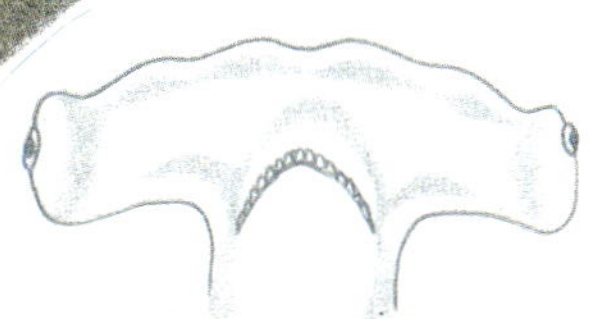

Sphyrna lewinii
(Bogenschwänziger Hammerhai)

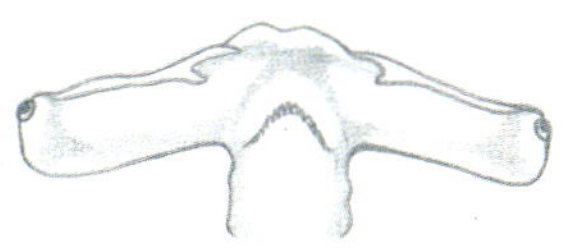

Sphyrna blochii
(Flügelkopf-Hammerhai)

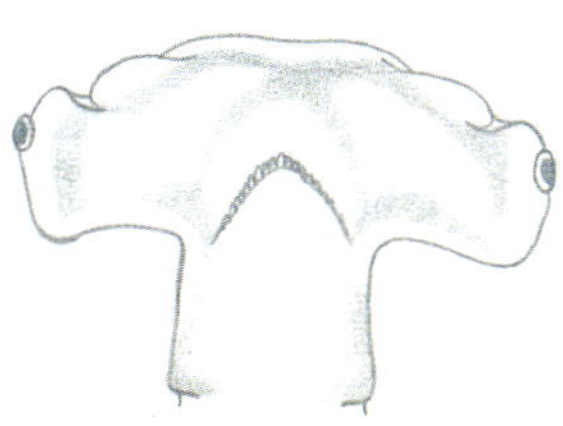

Sphyrna couardi

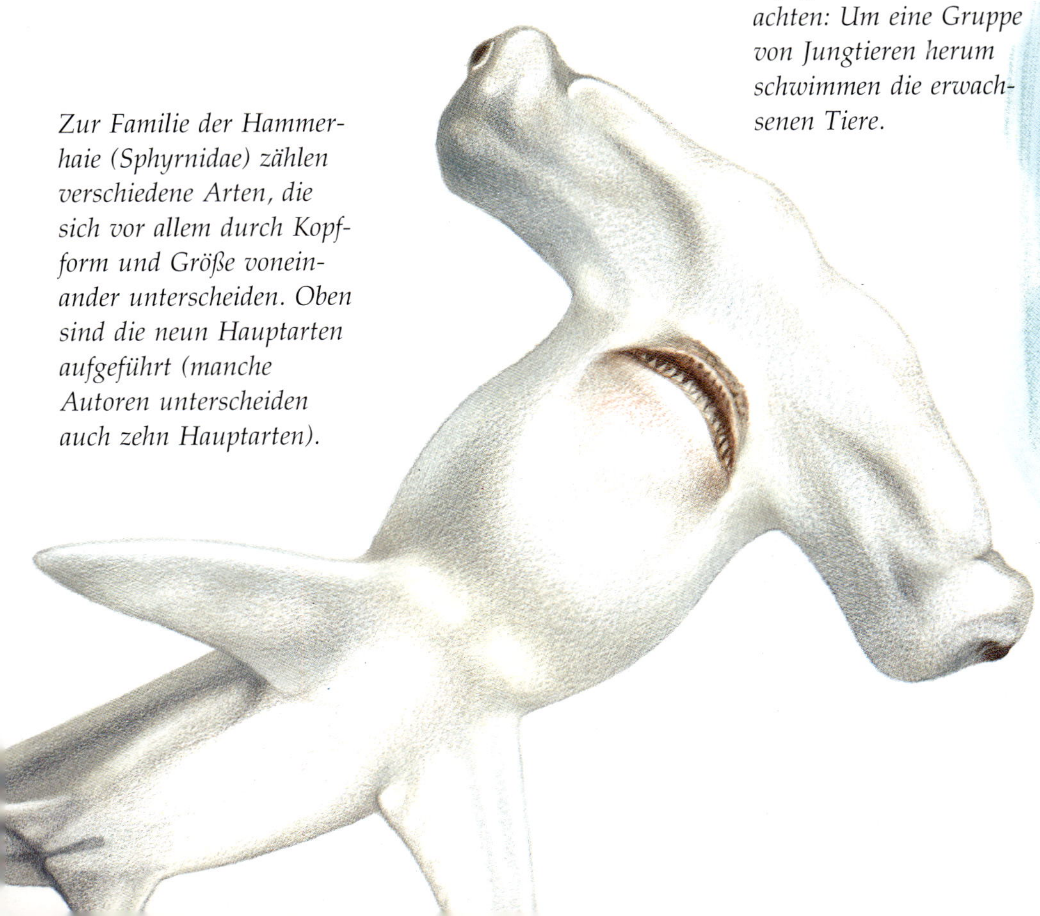

Zur Familie der Hammerhaie (Sphyrnidae) zählen verschiedene Arten, die sich vor allem durch Kopfform und Größe voneinander unterscheiden. Oben sind die neun Hauptarten aufgeführt (manche Autoren unterscheiden auch zehn Hauptarten).

Die Hammerhaie sind bekannt dafür, daß sie sich manchmal in großen Gruppen zusammenfinden. Auf dem Sanganeb-Riff im Roten Meer kann man ein besonderes Verhalten einer Herde von Bogenschnäuzigen Hammerhaien (Sphyrna lewinii) beobachten: Um eine Gruppe von Jungtieren herum schwimmen die erwachsenen Tiere.

Makohai

Isurus oxyrinchus
Länge: 180–250 cm
Verbreitung: warme und temperierte Gewässer aller Ozeane

Ein weiterer Vertreter der Familie der Lamnidae, der auch der Weiße Hai angehört, ist der Makohai. Als über 90 Stundenkilometer schneller Schwimmer ist er der schnellste aller Haifische. Ähnlich wie warmblütigen Tieren gelingt es auch ihm, eine sieben bis zehn Grad höhere Körpertemperatur im Vergleich zur Außentemperatur zu halten, was seinen Muskeln eine immense Kraft verleiht. Im Sommer findet man den Mako in seichten Zonen des Meeres, im Winter zieht er sich jedoch in größere Tiefen zurück. Sein Jagdinstinkt macht auch vor großen Fischen nicht halt. So stehen Thunfische ebenso auf seinem Speiseplan wie Schwertfische und sogar andere Haiarten. Ein naher Verwandter des Isurus oxyrinchus ist der Isurus glaucus, der Langflossenmako. Auch wenn nur wenige Angriffe von Makohaien auf Menschen belegt sind, gilt diese Art dennoch als gefährlich. Der Isurus oxyrinchus gehört zur begehrtesten Beute von Sportfischern. Hat er erst einmal angebissen, ist er ein temperamentvoller Kämpfer, der während des Drills spektakuläre Sprünge aus dem Wasser vollführt. Überdies gilt sein Fleisch als Delikatesse. Viele Makopopulationen sind wegen der intensiv betriebenen Hochseefischerei inzwischen vom Aussterben bedroht.

Sind die Populationen der Haie bedroht?

Der Australier Rodney Fox, einer der wenigen, die von einem Weißen Hai attackiert wurden und überlebten, macht sich statt über Rache an seinem Angreifer lieber Gedanken über Schutz und Schicksal der Haie. Fox ist fest davon überzeugt, daß das Überleben zahlreicher Haiarten gefährdet ist. Dies wird jedoch von vielen bestritten, denn in der Öffentlichkeit ist die Meinung, die Zahl der Haie nähme in besorgniserregendem Maße zu, weit verbreitet. Es ist schwer zu beurteilen, wer letztendlich im Recht ist, weil niemand die genaue Anzahl der Haie kennt. Manchmal scheint die See geradezu vor diesen Raubfischen zu wimmeln, so etwa das Cortez-Meer, wo sich jedes Jahr eine ansehnliche Zahl von Hammerhaien versammelt. Seit einiger Zeit scheint sich auch an der kalifornischen Küste die Zahl der Haie ständig zu erhöhen. Grund dafür könnte die sprunghafte Vermehrung der Seehunde und Ohrenrobben seit 1972 sein, dem Jahr, in dem der Marine Mammal Protection Act, durch den die USA alle im Meer lebenden Säugetiere schützen wollen, in Kraft trat. Die logische Konsequenz daraus wäre, daß auch ein Zuwachs an ihren natürlichen Feinden, den Großhaien, zu verzeichnen ist. Betrachtet man aber die Gesamtsituation der Haie, ist durchaus eine Bedrohung für die Tiere auszumachen. Ausgerechnet ihre Rolle als gefährliche Räuber macht diese Fische so verwundbar. Gemessen an den Abertausenden von Kleinfischen, die ihre Beute bilden, ist die Anzahl der Haie in den Weltmeeren vergleichsweise gering. Überdies ähnelt das Fortpflanzungsverhalten einiger Haiarten demjenigen vieler Säugetiere. Jedes einzelne Tier hat eine relativ hohe Lebenserwartung; es wächst langsam heran und bringt nur wenige Nachkommen zur Welt, die aber bereits gut entwickelt und mit einer großen Überlebenswahrscheinlichkeit geboren werden. Der umgekehrte Fall tritt bei Fischen ein, die statt dessen eine ungeheure Menge an Eiern ablaichen, von denen aber die wenigsten heranreifen. Betrachtet man die gesamte Haipopulation, wiegt jedoch der Verlust nur eines Individuums verhältnismäßig schwer. Die Natur duldet kein Zuviel an Haien. Dies wird indirekt durch die Beobachtungen bei den kalifornischen Farallon Islands, einer Gruppe von Felsinseln vor San Francisco, ersichtlich. Noch 1982 fingen die dortigen Fischer vier Weiße Haie pro Tag. Meeresbiologen stellten zur gleichen Zeit fest, daß die Attacken auf Flos-

senfüßer daraufhin um die Hälfte abnahmen. Enttäuscht waren auch die an Dreharbeiten für einen Dokumentarfilm beteiligten Mitglieder der Cousteau Society, die 1989 im südlichen Australien nach Haien Ausschau hielten. Obwohl sie drei Wochen in der Nähe des berüchtigten Dangerous Reef verbrachten, gelang es ihnen lediglich, drei kleine Weiße Haie anzulocken, die ihnen jedoch nicht einmal genügend Zeit ließen, die Unterwasserkameras in Stellung zu bringen.

Eine einfache Rechnung beweist, daß der Mensch heute der einzige Feind der Haie ist. An den Küsten Kaliforniens kommen jedes Jahr etwa zehn bis zwanzig Weiße Haie um, während dort die Wahrscheinlichkeit, als Mensch von einem Hai getötet zu werden, nur 0,13 Prozent beträgt. Zudem erfreut sich auch das Fleisch von Haifischen immer größerer Beliebtheit, vor allem in Fernost; man denke nur an die häufig in chinesischen Restaurants angebotene Haifischflossensuppe. Eine weitere Bedrohung stellen die Sportfischer dar. Es scheint, als habe Spielbergs Film »Der Weiße Hai« sich verheerend auf die Populationen von Weißen Haien ausgewirkt, denen in der Folgezeit erbarmungslos mit allen Mitteln nachgestellt wurde. Auch die Umweltverschmutzung setzt den Meeresräubern zu. So fordert beispielsweise Verpackungsmaterial aus Plastik etliche Opfer unter den Fischen. Hat sich ein Hai erst einmal darin verfangen, kann er sich nicht mehr daraus befreien. Das zeigen gefangene Tiere, die zum Teil fürchterliche Verstümmelungen aufwiesen. Während sie noch in der Wachstumsphase steckten, schnitt das scharfkantige Plastik tiefe Wunden in ihr Fleisch und sorgte später für große Narben. Sicherlich gibt es Menschen, die lieber in einer Welt ohne Haie leben würden. Andererseits werden aber auch immer mehr Gesetze zum Schutz der Haie verabschiedet, wie zum Beispiel in Südafrika, wo seit 1991 die Jagd auf Weiße Haie untersagt ist.

Haie stehen an der Spitze der Nahrungskette. Die Zeichnung zeigt eine typische Nahrungskette, deren letztes Glied in diesem Fall ein Makohai ist. Das erste Glied sind die Pflanzen. Aus den kleinsten Algen des Phytoplankton, die in der Fotosynthese die anorganische Materie in organische Bestandteile verwandeln, besteht die Nahrung des Zooplankton, also von kleinen Krustentieren, Würmern und Hohltieren. Das Zooplankton wiederum ist die bevorzugte Beute von Heringen und anderen planktonfressenden Fischen. Größere Raubtiere, wie etwa die Makrelen, jagen die Heringe. Sie werden aber ihrerseits, wie auch Thunfische, Hechte und Tintenfische, das Opfer von größeren Raubfischen, wie zum Beispiel dem Makohai.

Blauhai

Prionace glauca
Länge: 180–240 cm
Verbreitung: mäßig warme und tropische Gewässer in aller Welt

Der Blauhai ist wohl der am wenigsten verbreitete unter den Menschenhaien. Er gehört zur Familie der Carcharhinidae und ist leicht an seinen langen, spitz zulaufenden Brustflossen zu erkennen, die kegelförmige Schnauze ist lang, die Augen sind groß. Wegen der bläulichen Färbung mit den metallischen Reflexen am Rücken heißt er auch im englischen Blue shark, Blauer Hai. Normalerweise wird diese Haiart nicht länger als zwei Meter, aber es gibt auch einzelne Exemplare, die bis zu knapp vier Meter messen. Meistens bevorzugen Blauhaie die offene See, doch es kommt durchaus auch vor, daß sie sich den Küsten nähern.

Ihre Beute sind in erster Linie Fische und Tintenfische. Wahrscheinlich ist der Blauhai derjenige Hai, der zur langen Wanderung neigt. So wurden beispielsweise Individuen, die in den Gewässern der Vereinigten Staaten markiert wurden, in Spanien wiedergesehen. Sehr häufig halten sie sich in Gruppen auf, deren Mitglieder alle das gleiche Geschlecht haben. Die viviparen Blauhaie zählen zu den fruchtbarsten Arten. Ein Weibchen bekommt in der Regel fünfundzwanzig bis dreißig Junge auf einmal, aber man weiß auch von »Rekordschwangerschaften«, bei denen 135 Junge ausgetragen wurden. Viele Taucher schwimmen gerne mit den Blauhaien, nachdem sie sie mit Ködern angelockt haben. Die Blauhaie sind potentiell gefährlich für den Menschen, gelten aber nicht als besonders aggressiv.

Mittel zur Haiabwehr

Während des Zweiten Weltkriegs statteten die Vereinigten Staaten jeden Seemann außer mit Erste-Hilfe-Material auch mit einem zehn Zentimeter langen, 200 Gramm schweren Päckchen aus, das als Shark chaser, Haivertreiber bezeichnet wurde. Der Inhalt des Päckchens sollte im Falle eines Schiffbruchs im Wasser aufgelöst werden und bestand aus Kupferacetat, das Wissenschaftler ausgewählt hatten, weil es Substanzen, die im verwesenden Fleisch von Haien auftreten, ähnelt, und es schien, als würde es den Appetit lebender Haifische mindern. Zudem war das Kupferacetat schwarz gefärbt, um die eventuellen Opfer der Haie auch optisch zu schützen. Nach dem Zweiten Weltkrieg fand man dann heraus, daß der Shark chaser an sich völlig wirkungslos ist und den Seeleuten bestenfalls eine psychologische Hilfe sein kann. Ebenso nutzlos erscheint die Mehrzahl der »Anti-Hai-Mittel« zu sein, die bis heute entwickelt wurden. Und doch werden immer wieder neue Versuche gestartet, ein geeignetes Mittel zu finden, das Schiffbrüchige und Schwimmer vor Haien schützen könnte. Eine dieser Erfindungen war die sogenannte »Luftblasenwand«. Dabei ließ man Luft aus einem durchlöcherten Schlauch entweichen, der sich auf dem Grund des Strandes befand. Diese Erfindung wurde in den sechziger Jahren in Australien vertrieben. Es erwies sich als unbrauchbar, was man schon bei Experimenten mit Haien in Aquarien feststellte. Und dies war bei weitem nicht der einzige gescheiterte Versuch. Ein elektrischer Apparat, der die Haie mit Stromstößen abhalten sollte, stellte sich für die Taucher als störender als für die Haie heraus. Ebensowenig hilfreich war ein schwarzweißes Gerät, das in der Überzeugung angemalt wurde, es ähnle so den Pilotfischen, die normalerweise ohne Gefahr vor der Schnauze der Haie herschwimmen, und von dem man hoffte, die damit ausgerüsteten Taucher könnten dieselbe Sicherheit genießen. Jaques-Yves Cousteau führte den Gebrauch des »Haistocks« ein. Dieser ist nichts anderes als ein einfacher Holzstab, auf dessen Ende ein Nagel sitzt, mit dem man im Notfall schnell zustoßen kann. Damit sollen sich die Taucher die allzu aufdringlichen Haie vom Leibe halten können. Öfter als einmal funktionierte dieses Hilfsmittel, hatte aber den Nachteil, daß der Hai sehr häufig, nachdem er vertrieben wurde, zurückkam. Eine Variante zum »Haistock« ist der »Kohlendioxidpfeil«, der dafür sorgt, daß dem unglücklichen Hai Kohlendioxid injiziert wird, das ihn aufbläht und zur Wasseroberfläche aufsteigen läßt. Aber sämtliche sogenannten »bangsticks«, Schußharpunen, die mit Geschossen oder explosiven Ladungen versehen sind, zeigten sich als extrem

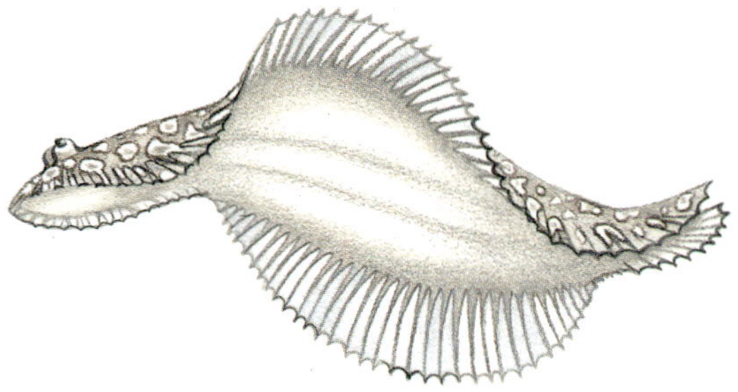

gefährliche Waffen und wurden aus diesem Grund in einigen Ländern verboten. Die Folge war, daß sich die Forschung wieder der Suche nach weniger blutigen Methoden zuwandte. Unter den Resultaten war auch der »Kettenpanzeranzug«, der vor einigen Jahren von Ron und Valery Taylor, den beiden berühmten australischen Dokumentaren, sehr gelobt wurde. Es dreht sich dabei um eine moderne Variante des Kettenhemds der mittelalterlichen Krieger. Dieser Anzug, der den Namen Neptun erhielt, wurde bei der Arbeit mit den Blauhaien in den Gewässern Kaliforniens erprobt und mit beachtlichem Erfolg eingesetzt. Zumindest angesichts kleinerer Haiarten war er recht nützlich. Nicht für Taucher, sondern für Schiffbrüchige konzipierte man den Anti-Hai-Sack, ein zylindrischer Sack mit zwei oder drei aufblasbaren Ringen an den Enden. Diesen füllte der Schiffbrüchige mit Wasser und plaziert sich selbst innerhalb der Ringe. Auf diese Weise ist gewährleistet, daß der Hai weder den eventuellen Blutgeruch, noch die Beinbewegungen des Menschen wahrnehmen kann, allenfalls sieht er ein eiförmiges Etwas im Wasser. Während der Versuchsreihen mit mehreren Haiarten zeigte sich, daß diese Schutzvorrichtung, vor allem wenn sie von dunkler Farbe ist, durchaus brauchbar sein kann.

Zur Sicherung gefährdeter Strände, vor allem also in Südafrika und Australien, wurden »Anti-Hai-Netze« installiert. Bis auf zwei Nachteile sind sie sicherlich hilfreich. Zum einen ist die Inbetriebnahme und Wartung der Netze sehr teuer, zum zweiten verfangen sich darin auch andere, völlig ungefährliche Tiere wie Meeressäuger und Fische.

Nebenbei bemerkt gibt es noch andere Personen, die Mittel und Wege gefunden haben, um sich gegen Haie zu verteidigen und die einige wertvolle Ideen beisteuern könnten. So fand die amerikanische Forscherin Eugenie Clark in den achtziger Jahren heraus, daß die Mosesseezunge (Pardachirus marmoratus) im Roten Meer eine milchige Substanz absondert, die verhindert, vom Weißspitzen-Riffhai, mit dem die Experimente ausgeführt wurden, verspeist zu werden. Diese Entdeckung erregte Aufsehen und weckte viele Hoffnungen, aber bislang hat noch niemand eine Möglichkeit gefunden, dieses Wissen auch in der Praxis zu nutzen. Dem Vertreibungsmittel der Seezunge sind dieselben Grenzen gesetzt, wie den zahlreichen anderen Schutzvorrichtungen, die sich Menschen ausgedacht haben. Alle Anti-Hai-Mittel mögen noch so wirkungsvoll sein, aber im Wasser verdünnen sie sich so rasch, daß sie letztendlich nichts ausrichten können, außer man würde so große Giftmengen verwenden, daß sowohl der Mensch als auch die Haie gefährdet wären.

Schon immer suchte die Forschung wirksame Mittel gegen Haiangriffe. Besonders die Marine der Vereinigten Staaten hat sich mit diesem Problem befaßt, um im Fall eines Schiffbruches gegen Attacken auf Überlebende gefeit zu sein. Allerdings hat man bislang noch immer kein geeignetes Mittel gefunden. Auch Meerestiere sind durch die Haie gefährdet, aber es gibt Arten, die Verteidigungsmittel entwickelt haben. So bläst sich etwa der oben abgebildete Stachelschweinfisch auf, sobald er angegriffen wird, so daß er unmöglich verschlungen werden kann. Die Moses-Seezunge im Roten Meer (Pardachirus marmoratus, oben) wird von einem Hai sofort wieder ausgespuckt, nachdem er gekostet hat, denn sie sondert eine übelschmeckende, milchige Flüssigkeit ab, sobald sie sich in Gefahr befindet. Auch die Delphine (rechts) wehren sich gegen die Haie. Sie gehen in größeren Gruppen gegen die Angreifer vor.

GRAUER RIFFHAI

Carcharhinus amblyrhynchos
Durchschnittslänge: 180 cm
Verbreitung: Indisch-Pazifischer Ozean

Zusammen mit dem Weißspitzen-Riffhai (Triaenodon obesus) und dem Schwarzspitzen-Riffhai (Carcharhinidus melanopterus) ist der Grauhai der am häufigsten vorkommende Hai auf den Riffen des Indischen Pazifiks. Oft ist er in den Grenzbereichen zwischen Riff und offenem Meer anzutreffen. Elegant und schlank, wie der Großteil der Menschenhaie, hat er den charakteristischen schwarzen Streifen entlang dem hinteren Rand der Schwanzflosse. Er ernährt sich von Fischen, die nicht länger als dreißig Zentimeter sind, von Krustentieren und Kopffüßern. Der Grauhai ist ein ausgezeichneter Schwimmer und wird vor allem in der Nacht aktiv. Tagsüber bilden insbesondere jüngere Exemplare kleine Gruppen, weshalb er als Hai mit relativ ausgeprägtem Sozialverhalten beurteilt wird. Er legt eine gesunde Neugierde an den Tag und in den Zonen, wo Besuche von Tauchern nur selten vorkommen, nähert er sich gern denjenigen, die in sein Reich eingedrungen sind, verschwindet dann aber wieder und bleibt in gewisser Distanz. Obwohl er nicht groß ist und nur kleinere Beutetiere jagt, muß man davon ausgehen, daß er für den Menschen gefährlich werden kann.

IST EIN HAI INTELLIGENT?

Haie werden oft als Tiere mit unberechenbarem Verhalten beschrieben. Vielleicht trifft dies nur bedingt zu. Viele Untersuchungen beschäftigten sich zwar mit der Frage, wie die Körperfunktionen der Haie zu erklären sind, aber nur wenige befassen sich mit dem Sozialverhalten der Tiere. Dies ist insofern nicht verwunderlich, da es sehr schwierig ist, lebende Haie im offenen Meer zu studieren. Man weiß tatsächlich nur sehr wenig über das Verhalten von Haien und dieses Forschungsgebiet könnte noch eine Vielzahl von Überraschungen bergen. Viele Forscher neigen dazu, in den Haien nichts anderes als besonders gierige Fische zu sehen, die nur von ihrem Instinkt geleitet werden, also dumm sind. Wieder andere betrachten sie nur als eigensinnige Jäger, die in keinerlei Beziehung zu ihren Artgenossen stehen.

Es stimmt, daß viele große Arten, wie zum Beispiel der Tigerhai oder der Weiße Hai »Einzelgänger« sind, denn eine zu hohe Population in einem Gebiet würde dazu führen, daß die Ernährung nicht für alle Tiere gesichert wäre. Aber es gibt auch Ausnahmen, und einige Arten legen einen unvermuteten Gemeinschaftssinn an den Tag. So senden etwa die Grauhaie Botschaften an Eindringlinge aus. Sie bewegen sich dann auf übertriebene Weise, krümmen den Rücken, halten den Kopf nach oben, richten die Brustflossen nach unten und beschreiben dabei Spiralen oder Kurven in der Horizontalen. Nachdem Taucher diese Beobachtungen zuerst nur zufällig machten, begann man mit zielgerichteter Forschung, um das Phänomen zu ergründen. Zu diesem Zweck wurden die Haie vorsätzlich provoziert. Das Ergebnis der Untersuchungen war eindeutig. Je schneller und bedrohlicher ein Taucher sich näherte, und je mehr sich der Hai in Bedrängnis befand, desto ausgeprägter waren seine Bewegungen. Damit war bewiesen, daß es sich bei diesem Gebaren um eine Art Warnung handelt, auf die gelegentlich auch ein Angriff folgen kann. Dies wirft ein neues Licht auf das Verhalten der Haie. Denn wenn sie jemanden warnen, heißt dies, daß sie nicht an einer Beute interessiert sind, andernfalls würden sie versuchen, das Opfer zu überraschen. Drohgebärden gehören auch zur Kommunikation zwischen Mitgliedern einer

Art und weisen auf ein Sozialverhalten hin.

Es gibt auch Haie, die es vorziehen in einer Gruppe zu leben, vor allem bei den kleinen Arten. Die spektakulärsten Ansammlungen von Raubfischen aber sind die der Hammerhaie im Cortez-Meer in Mexiko, wo sich Hunderte von Tieren aus noch ungeklärten Motiven versammelten. Die Sphyrna tiburo, eine Unterart der Hammerhaie, wurde von Forschern der Universität Miami im Aquarium studiert. Man entdeckte, daß nicht nur eine relativ weitentwickelte Kommunikation zwischen den Mitgliedern einer Art bestand, sondern daß auch hierarchische Strukturen gebildet wurden, die sich offenbar an Größe und Geschlecht der Exemplare orientierten. Wenn Sozialverhalten und bestimmte intellektuelle Fähigkeiten als gleichwertig beurteilt werden müssen, drängt sich dann nicht die Frage auf, ob auch Haie über eine gewisse Intelligenz verfügen? Einige Argumente sprechen dafür, andere dagegen. Fest steht, daß Tiere, die untereinander kommunizieren, mit einer gewissen Intelligenz ausgestattet sein müssen. Sie können nicht blind auf ihren Instinkt vertrauen, sondern sind gezwungen zu lernen. Aus diesem Grund verbringen beispielsweise die Schwertwale – große Wale, die darauf spezialisiert sind, in der Herde zu jagen – nach der Geburt einen längeren Zeitraum bei der Mutter oder zusammen mit anderen erwachsenen Exemplaren, um auf diese Weise alles, was zum Überleben nötig ist, zu erlernen. Bei den Haiarten, die Verwandtschaftsbeziehungen und Techniken einer koordinierten Jagd nicht kennen, ist dies nicht der Fall. Das heißt aber dennoch nicht, daß sie nicht lernfähig wären. In der Gefangenschaft haben viele Haie bewiesen, daß sie sich schnell an neue Situationen anpassen können. Belohnt man sie mit Futter, kann man ihnen beibringen, auf einen bestimmten Ton zu reagieren oder Gegenstände verschiedener Form zu unterscheiden. Dies ist nicht außergewöhnlich, viele andere Tiere können dies auch, aber die antrainierten Übungen bleiben den Haien für lange Zeit im Gedächtnis. Auch die Tatsache, daß Haie relativ alt werden, legt nahe, daß sie Zeit haben, viel in der Natur zu lernen. Einige Haie etwa sind in der Lage, das Geräusch, das durch den Schuß aus einem Unterwassergewehr entsteht, mit dem Vorhandensein von Beute zu verbinden und setzen sich dann regelmäßig in Bewegung, selbst wenn kein einziger Fisch getroffen wurde. Und es ist sogar durchaus denkbar, daß so mancher Hai ein System ausgeklügelt hat, wie er sich von Tauchern Fische spendieren lassen kann: es genügt, ihm ein bißchen zu drohen oder ihn ein wenig zu beißen und sofort bekommt man das, worauf man es eigentlich abgesehen hat.

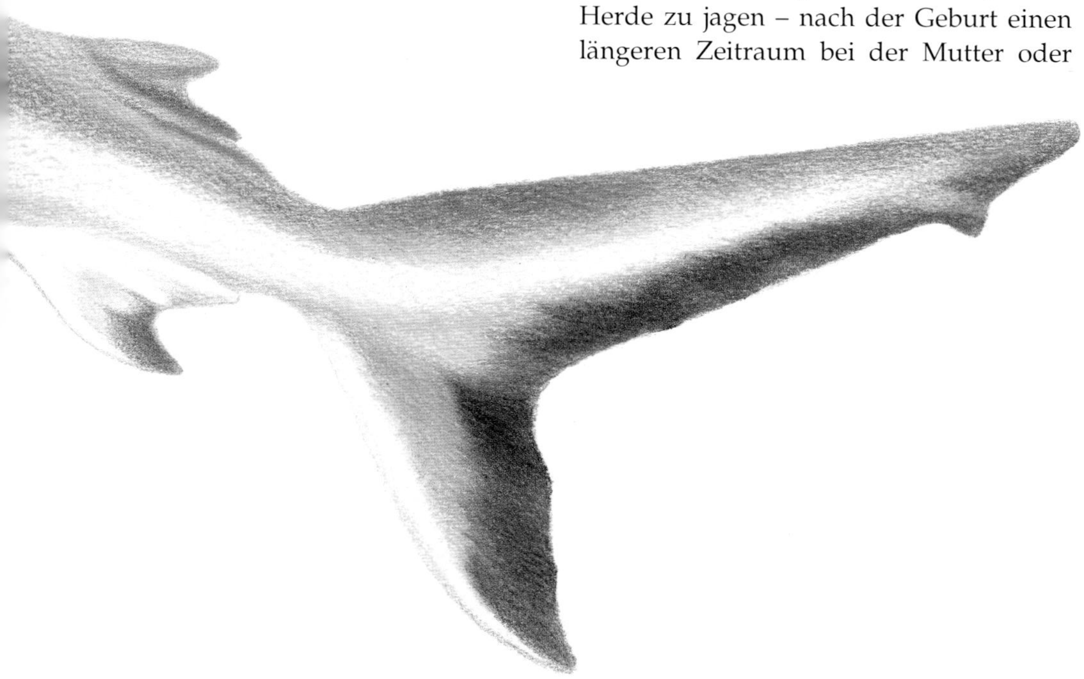

Manchmal legen die Grauen Riffhaie ein typisches Drohgebaren an den Tag. Sie schwimmen dann besonders energisch vorwärts, strecken den Kopf nach oben und halten die Flossen nach unten. Die unteren drei Abbildungen zeigen diese veränderte Art zu schwimmen; die oberen Abbildungen geben zum Vergleich die normale Haltung bei der Fortbewegung wieder. Daß diese Haie ihre potentiellen Opfer warnen, legt nahe, daß sie nicht angreifen, um an Nahrung zu gelangen, sondern um ihr Territorium zu verteidigen. In diesem Fall gilt ihr Interesse nur dem Eindringling, um ihn durch ein drohendes Verhalten zu vertreiben. Andere Arten, wie beispielsweise der Weiße Hai, attackieren dagegen unvermittelt und ohne jede Warnung.

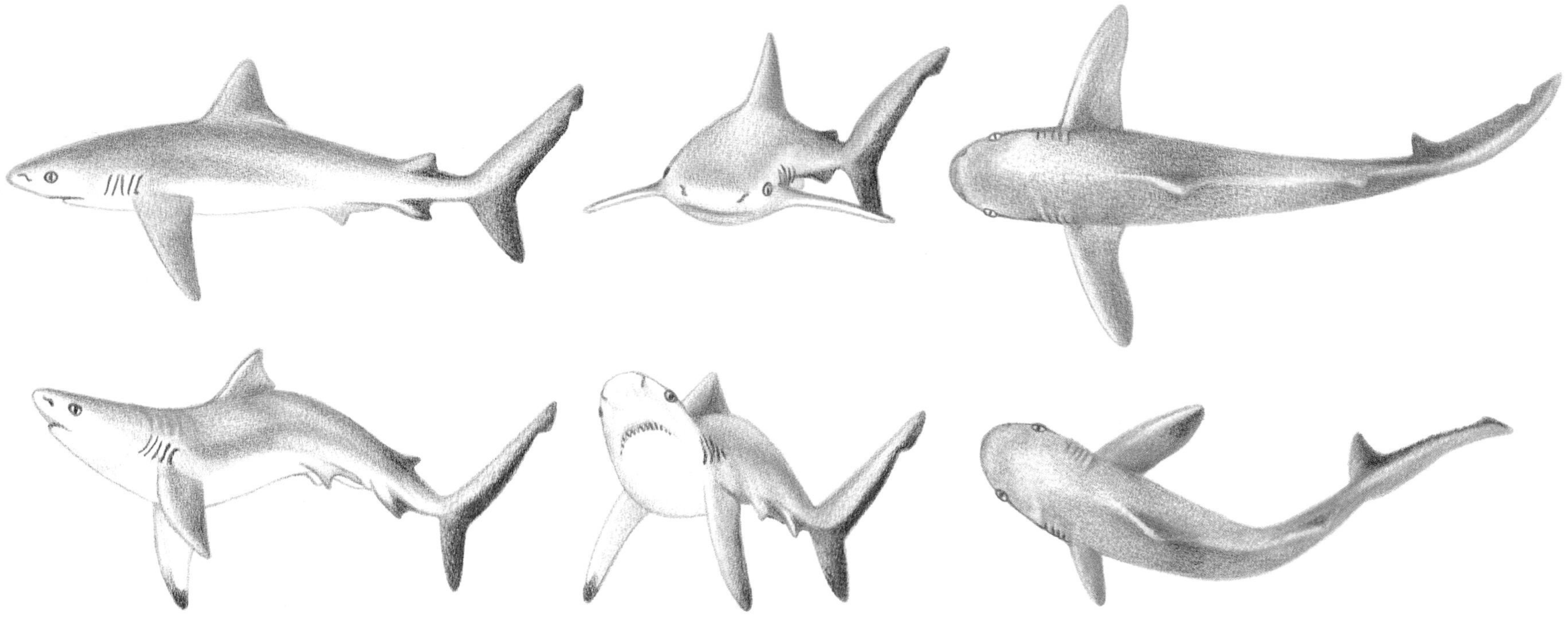

Triakis semifasciata
Durchschnittslänge: Männchen, 140 cm,
Weibchen, 170 cm
Verbreitung: nordöstlicher Pazifik

LEOPARDENHAI

Der Leopardenhai ist scheu und völlig harmlos. Er zählt zu den Haiarten, die am häufigsten in Aquarien zu bewundern sind. Besonders auffällig an ihm ist seine Färbung. Über seinen Rücken laufen dunkle Querstreifen, die sich mit runden Flecken abwechseln, der Grundton darunter variiert vom Braun-Gräulichen bis hin zum Silbrigen. Er liebt seichte Gewässer, die nicht tiefer als zehn Meter sind, und leicht kann man ein Exemplar entlang der Küsten des Pazifiks zwischen Oregon und dem Golf von Kalifornien beobachten. Er ernährt sich von Mollusken, kleinen Fischen, die am Meeresgrund schwimmen. Er ist recht häufig in Gruppen anzutreffen. Auch in der Gefangenschaft vermehrt sich der Leopardenhai problemlos, er zählt zu den lebendgebärenden Arten. Die Weibchen sind geschlechtsreif, wenn sie einen Meter Länge erreicht haben, und nach einem Jahr Tragezeit bringen sie zwischen sieben und dreißig Junge zur Welt.

DER SECHSTE SINN

Durch die Leopardenhaie und andere kleine Haiarten, wie beispielsweise die Katzenhaie, die ebenfalls häufig in Aquarien gehalten werden, ist es möglich geworden, neue Erkenntnisse über den elektrischen Sinn dieser Tiere zu gewinnen. Haie, egal welcher Art, sowie Rochen besitzen alle eine besondere Sensibilität, die sie zu verschiedenen Zwekken einsetzen und die es ihnen erlaubt, auch schwächste Strömungen wahrzunehmen. Die Organe, die für diese Funktion verantwortlich sind, wurden schon vor dreißig Jahren entdeckt. Es handelt sich dabei um die sogenannten Lorenzinischen Ampullen, die nach ihrem Entdekker, der sie 1678 erstmals beschrieb, benannt sind, und die einen Teil des komplizierten Seitenlinienorgans sind. Die Lorenzinischen Ampullen bestehen aus einer Reihe von kleinen Bläschen, die ein paar Zentimeter unter der Haut sitzen und die durch einen mit gallertartiger Substanz gefüllten Kanal mit der Epidermis verbunden sind. Die winzigen Löcher, die man auf Kopf und Schnauze der Haie und Rochen sehen kann, sind nichts anderes als die Öffnungen nach außen. Erst in jüngerer Zeit fand man heraus, daß die Lorenzinischen Ampullen eigentlich Elektrorezeptoren darstellen.

Es war der holländische Physiologe Kalmijn, dem es gelang zu beweisen, daß einige Haiarten den empfindlichsten Sinn für Elektrizität im gesamten Tierreich besitzen. Dies erreichte er, indem er Reaktionen (vor allem die Variationen des Herzschlags) eines Rochenweibchens beobachtete, das schwachen elektrischen Stimulationen ausgesetzt wurde. Das überraschende Ergebnis zeigt, daß das Tier fähig war, pro Zentimeter ein Zehntel Mikrovolt zu registrieren – man bedenke, ein Mikrovolt ist der millionste Teil eines Volt. Nun blieb noch zu klären, in welcher Art und Weise Haie und Rochen diese außergewöhnliche Fähigkeit einsetzen. Wieder war es Kalmijn, der durch eine Vielzahl von Experimenten mit einem Katzenhai und einer Seezunge zu dem Schluß kam, der »elektrische Sinn« diene dazu, Beute aufzufinden. Seezungen wie auch andere Beutetiere von Haien produzieren ein relativ starkes elektrisches Feld, vor allem im Bereich der Kiemen. So kann der Katzenhai ohne Schwierigkeiten sofort eine im Sand versteckte Seezunge aufspüren. Dies gelang dem Katzenhai auch dann, als die Seezunge in einer mit Aga gefüllten Schachtel vergraben wurde. Dadurch war sichergestellt, daß der Hai die Seezunge weder sehen noch riechen konnte. Offensichtlich war es das elektrische Feld, das den Hai den Ort finden ließ, wo sich die Beute befand, denn derselbe Versuch mißlang, als man eine tote, zerkleinerte Seezunge in die Schachtel legte – der Katzenhai reagierte nicht. Und er zeigte auch keine Regung, als man wiederum eine lebende Seezunge in eine Schachtel mit Polyäthylen gab, denn dieses Material schirmt anders als Aga das elektrische Feld ab. Der Katzenhai näherte sich auch einer imaginären Beute, als man unter dem Sand mit Hilfe zweier Elektroden ein künstliches elektrisches Feld erzeugte. Eine noch raffiniertere Variante des Experiments wurde direkt im Meer durchgeführt. Unter einem Beobachtungsfloß montierte man Elektroden, die ein elektrisches Feld erzeugten, und einen Schlauch, aus dem Fischbrühe entwich. Dadurch wurden die Haie angelockt, die zuerst die Herkunft des Dufts lokalisieren wollten, sich aber dann im Augenblick der Attacke nicht in die Richtung des Schlauchs, sondern in die der Elektroden bewegten. Wahrscheinlich benutzen Haie und Rochen, wenn sie sich auf Jagd begeben, zunächst ihren Geruchssinn sowie andere Sinne, und erst wenn sie so nah an die Beute herangekommen sind, daß sie sie schon nicht mehr scharf sehen können, setzen sie ihren »sechsten Sinn« ein, um so endgültig das Vorhandensein von Futter bestätigt zu bekommen.

Es ist durchaus auch möglich, daß der elektrische Sinn den Haien bei der Orientierung hilft. Denn ein Tier ist ja zugleich auch ein Stromleiter, der im geomagnetischen Erdfeld schwimmt und erzeugt auch seinerseits ein elektrisches Feld, das gemäß der jeweiligen Bewegungsrichtung von unterschiedlicher Intensität ist. Im Rahmen eines Experiments steckte man Leopardenhaie in ein Aquarium, in dem ein künstliches Magnetfeld geschaffen wurde. Sowie sich das Magnetfeld veränderte, wechselten die Haie ihre Bewegungsrichtung. Und als man während dieses Versuchs das natürliche Erdmagnetfeld neutralisierte, schien es, als fühlten sich die Haie verloren, als sei ihnen unerwarteterweise ihr innerer Kompaß abhanden gekommen.

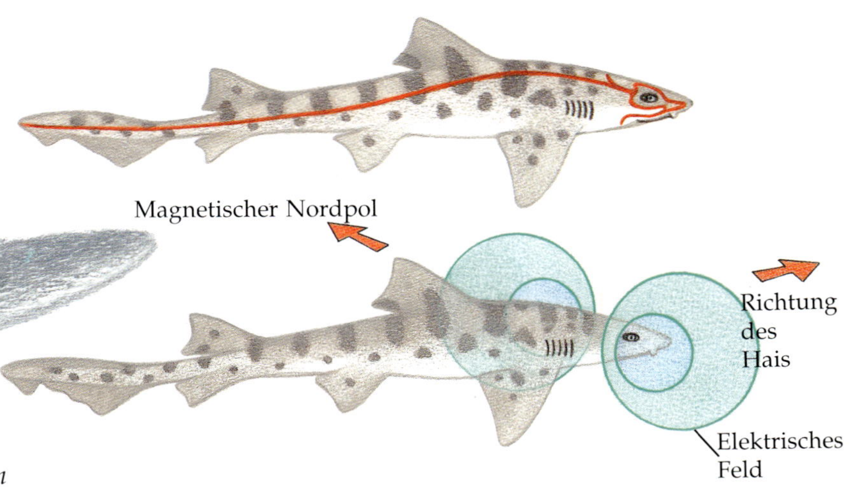

Die Elektrorezeptoren sichern das Überleben der Haie. Die Lorenzinischen Ampullen funktionieren als »innerer Kompaß«, der den Haien ermöglicht, sich mit dem Erdmagnetfeld zu orientieren.

Bei den Leoparden- und Katzenhaien wurde der elektrische Sinn untersucht. Die Experimente, die ein holländischer Wissenschaftler durchführte, sind unten schematisch dargestellt. Eine im Sand vergrabene Seezunge (1) wird sofort von einem kleinen Hai entdeckt. Dasselbe gilt, wenn die Beute in einer Schachtel (2) versteckt ist, die zwar die sichtbaren, chemischen und mechanischen, jedoch nicht die elektrischen Signale abschirmt. Der Hai ist aber nicht dazu in der Lage, einen toten Fisch (3) oder eine lebende Seezunge, die elektrisch isoliert (4) ist, aufzuspüren. Auf dem letzten Bild wird der kleine Hai mit zwei unter dem Sand versteckten Elektroden (5) getäuscht. Er nimmt ein elektrisches Feld wahr und sucht deshalb nach einer Beute, die er sicher vermutet. Entlang der Körperflanken bis zum Kopf der Haie läuft das Seitenlinienorgan, das Druckschwankungen wahrnimmt.

Ammenhai

Ginglymostoma cirratum
Länge: 200–300 cm
Verbreitung: Atlantik, östlicher Pazifik

Für gewöhnlich gilt der Ammenhai als »normaler Hai«, denn er verharrt oft unbeweglich auf dem Meeresgrund, oder aber er bewegt sich langsam vorwärts, gelegentlich scheint es so, als würde er auf den Brustflossen spazierengehen. Tatsächlich führt er im Gegensatz zu seinen nächsten Verwandten ein sehr seßhaftes Leben und verbringt ungewöhnlich viel Zeit damit, Getier, das sich auf dem Meeresgrund bewegt, also Krabben, Langusten, Seeigel und Mollusken, zu fangen. Nur selten, wenn er sich einmal auf der Jagd nach einem Fisch befindet, legt auch der Ammenhai eine schnellere Gangart ein. Unter den drei Arten (einige Autoren sprechen von vier), die als Ammenhaie bezeichnet werden, ist der Ginglymostoma cirratum, der sich in tropischen und subtropischen Meeren aufhält, der bekannteste. Besonders häufig ist er in den seichten Gewässern Floridas und in der Karibik anzutreffen. Er hat eine braune Körperfarbe und ist leicht an den für ihn charakteristischen Barteln am Maul und an den Furchen, die zwischen Nasenlöchern und Maul liegen, zu erkennen. Die erwachsenen Tiere sind einheitlich bräunlich, während die jüngeren häufig von dunkleren Flecken übersät sind, die aber später völlig verschwinden. Der untere Lappen am Schwanz fehlt ganz, dafür ist der obere sehr stark ausgeprägt. Der Ammenhai besitzt fünf Kiemenspalten, wobei die letzten beiden oft so nah beieinanderliegen, daß sie wie eine erscheinen. Schon so mancher Taucher glaubte deshalb, eine neue Haiart mit vier Kiemenspalten entdeckt zu haben. Aber auch andere Eigenarten des Ammenhais können den, der ihm begegnet, in die Irre führen. Viele denken er sei passiv und versuchen ihn aus seiner Apathie zu reißen, indem sie anfangen, ihn zu stören. Sie sind überrascht, wenn das Tier ganz gezielt zubeißt. Ammenhaie haben kleine Zähne, die ganz hervorragend dazu geeignet sind, Krustentiere aufzuknakken. Sie sind auch leicht in der Lage, einem Menschen einen Finger abzutrennen. Ähnliche Arten sind der Ginglymostoma brevicaudatum, der in südafrikanischen Gewässern vorkommt, der Ginglymostoma ferrugineum, der im Indischen Pazifik anzutreffen ist, und der Nebrius concolor, der sich in Australien aufhält.

Es ist nicht geklärt, wie es zu dem Namen Ammenhai gekommen ist. Möglicherweise wurde er ursprünglich einem Exemplar gegeben, das in einem Aquarium künstlich ernährt wurde und die Fischbrühe, die ihm aus einem Schlauch zugeführt wurde, so energisch aufsaugte, daß die Beobachter an einen Säugling erinnert wurden. Unter den großen Haien werden die Ammenhaie am häufigsten in Aquarien gehalten. Den Rekord darin hält ein Exemplar, das 25 Jahre lang in Gefangenschaft gelebt hat.

Das Geheimnis der schlafenden Haie

Der Ammenhai verkriecht sich häufig in Grotten, oft auch in Gruppen von einigen Dutzend Individuen, was als eine Besonderheit zu betrachten ist. Aber auch andere Haiarten, nämlich die der Familie Carcharhinidae pflegen gelegentlich zu schlafen. So etwa die berüchtigten Menschenhaie, zu denen etwa die gefürchteten aggressiven Blauhaie und Tigerhaie zählen. Dieses Phänomen wurde in einer Grotte entlang der Halbinsel Yucatan in Mexiko beobachtet, wo Forscher sich in den siebziger Jahren erstmals in die Mitte einer Gruppe von Karibischen Riffhaien (Carcharhinus springeri) begaben, die sich alle in einer Höhle befanden und so

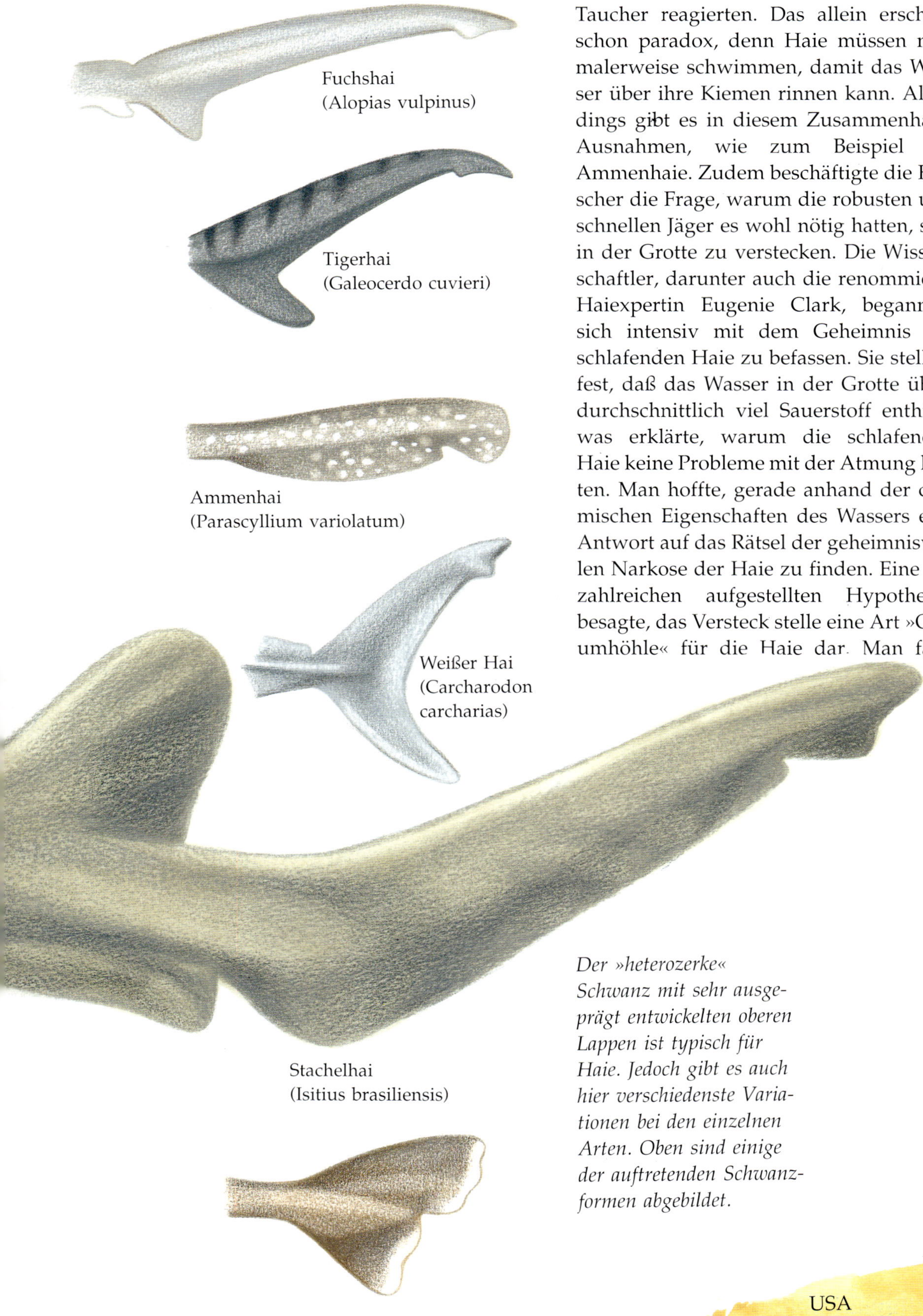

lethargisch und schläfrig waren, daß sie nicht einmal auf die Anwesenheit der Taucher reagierten. Das allein erschien schon paradox, denn Haie müssen normalerweise schwimmen, damit das Wasser über ihre Kiemen rinnen kann. Allerdings gibt es in diesem Zusammenhang Ausnahmen, wie zum Beispiel die Ammenhaie. Zudem beschäftigte die Forscher die Frage, warum die robusten und schnellen Jäger es wohl nötig hatten, sich in der Grotte zu verstecken. Die Wissenschaftler, darunter auch die renommierte Haiexpertin Eugenie Clark, begannen, sich intensiv mit dem Geheimnis der schlafenden Haie zu befassen. Sie stellten fest, daß das Wasser in der Grotte überdurchschnittlich viel Sauerstoff enthielt, was erklärte, warum die schlafenden Haie keine Probleme mit der Atmung hatten. Man hoffte, gerade anhand der chemischen Eigenschaften des Wassers eine Antwort auf das Rätsel der geheimnisvollen Narkose der Haie zu finden. Eine der zahlreichen aufgestellten Hypothesen besagte, das Versteck stelle eine Art »Opiumhöhle« für die Haie dar. Man fand schließlich heraus, daß an dieser Stelle auch Süßwasser aus einer Quelle auf dem Grund einströmte. Im Vergleich zum Wasser draußen war das in der Höhle weit weniger salzig, dafür aber säure- und kohlendioxydhaltiger, was eventuell die betäubende Wirkung auf die Tiere ausmachen könnte. Man hielt auch für denkbar, daß die Haie sensibel auf die elektromagnetischen Felder reagierten, die durch die Vermischung von Salz- und Süßwasser entstanden waren. Dies wäre zu vergleichen mit der Wirkung, die Marihuana oder Alkohol auf die Menschen hat. Nachdem man die Haie bei Yucatan über Jahre hinweg studiert hatte, kamen die Wissenschaftler zu dem Schluß, daß die Tiere nicht wirklich schliefen, denn ihre Augen schienen trotz allem wahrzunehmen, was in der Grotte vorging. Die Tiere verhielten sich lediglich nicht so, wie sie es unter normalen Umständen tun. Vielleicht zog es sie nur von Zeit zu Zeit in die Grotte, weil sie hier in den Genuß eines angenehmes Gefühls kommen konnten, und eventuell gibt es auch ganz praktische Gründe, die zusätzlich dazu beitragen, daß die Haie von Zeit zu Zeit diesen Ort aufsuchen. Einer könnte beispielsweise die Säuberung sein. Es ist bekannt, daß viele Parasiten sich von Fischen lösen, wenn sich der Salzgehalt des Wassers verändert, und daß es Meeressäugetiere gibt, die aus diesem Grund in regelmäßigen Abständen Flußarme aufsuchen. Als man einige Haie fing, die derselben Art wie die in der Grotte angehörten, sollte sich diese Vermutung bestätigen. Im Unterschied zur restlichen Beute waren sie ungewöhnlich sauber und wiesen keine Spuren von Parasiten auf.

Der »heterozerke« Schwanz mit sehr ausgeprägt entwickelten oberen Lappen ist typisch für Haie. Jedoch gibt es auch hier verschiedenste Variationen bei den einzelnen Arten. Oben sind einige der auftretenden Schwanzformen abgebildet.

In einer Höhle entlang der Halbinsel Yucatan in Mexiko (unten) wurden mehrere Haie der Art Carcharhinus entdeckt, die aus ungeklärten Gründen zu schlafen scheinen.

Wie bei allen anderen Fischen auch, fließt bei den Haien Wasser durch das Maul und tritt durch die Kiemenspalten wieder aus. Die meisten Arten besitzen fünf Kiemenspalten, einige sogar sechs oder sieben. Die Kiemen bestehen aus einer Reihe von knorpeligen, gefäßreichen Bögen, wo das Blut mit dem im Wasser enthaltenen Sauerstoff angereichert wird.

Riesenhai

Cetorhinus maximus
Länge: 8 bis 10 Meter
Verbreitung: kühle und mäßig warme Gewässer aller Ozeane

Nicht wenigen Badegästen und Freizeitsportlern fuhr der Schrecken in die Glieder, wenn sie im Meer die klassische, aus dem Wasser ragende Rückenflosse erblickten. Konnte man außerdem noch den sichelförmig gekrümmten Schwanz sehen, dessen oberer Lappen etwas größer ist, ließ dies alles auf einen Weißen Hai schließen, zumal auch das Profil einige Ähnlichkeiten aufweist: Ein Untier von immensen Ausmaßen, neun Meter und mehr lang. Es besteht jedoch kein Grund zur Panik. Häufig handelt es sich bei diesen Tieren um den zahnlosen Riesenhai, der seinen berüchtigten Verwandten zwar äußerlich gleicht, aber ein harmloser Vertreter seiner Art ist. Er greift weder Menschen noch andere Tiere an, denn er ist ein friedfertiger Filtrierer von Plankton. Obzwar er sehr groß ist, zeichnet sich der einzige Vertreter der Familie Cetorhinidae durch äußerste Gutmütigkeit aus. Immer auf der Suche nach im Wasser schwebendem Plankton, kreuzt er durch die See. Zu diesem Zweck hält er sich gerne in der Nähe der Wasseroberfläche auf und schwimmt dort gemütlich mit weit geöffnetem Maul. Auch wenn er sehr robust wirkt und im Bedarfsfall auch zu kräftigen Bewegungen in der Lage ist, verharrt er häufig ruhig treibend im Wasser und läßt neben Rücken- und Schwanzflosse nicht selten auch die Spitze seines Mauls sehen. Nach dem Walhai ist der Riesenhai der größte bekannte Fisch. Im Gegensatz zu ersterem, der die tropischen Zonen bevorzugt, lebt der Riesenhai in allen kälteren und nur mäßig warmen Meeresregionen der Nord- und Südhalbkugel. Im Mittelmeer kann man ihn vor allem im Frühjahr sehen. Sein charakteristisches Erkennungsmerkmal sind die Kiemenspalten. Wie andere Haie auch besitzt der Riesenhai fünf davon, die bei ihm allerdings wesentlich größer und auffälliger sind. Sie erstrecken sich fast vom Bauch bis hinauf zum Rücken, wo sich die der rechten und der linken Körperhälfte beinahe zu berühren scheinen. Wenn sie geöffnet sind, bietet sich ein seltsames Bild. Nun scheint es, als ob sich der Kopf vom Körper löst. Durch das aufgerissene Maul hindurch kann man das Innere der Kiemenbögen sehen. Bei Jungtieren ist das Profil in besonderer Weise ausgeprägt. Ist das Maul geöffnet, bildet der obere Teil eine Verlängerung, die wie ein Rüssel aussieht; dieser ist am Ansatz hakenförmig nach unten gekrümmt. Daher kommt auch der Beiname »Elefantenhai«. Das Profil des erwachsenen Tieres ist ebenmäßiger. Es gleicht mehr dem der anderen Haie, weil der besagte Auswuchs verschwunden ist. Wie das Leben vieler großer Meerestiere, ist auch das der Riesenhaie geheimnisumwittert.

Informationen über den Riesenhai bekam man von alten Fischern im nördlichen Atlantik, die das Tier jagten, um aus seiner Leber Öl zu gewinnen. So ist es durchaus möglich, daß von dieser Art mehr Weibchen als Männchen existieren, denn auf ein gefangenes männliches Tier kamen bei den Fischern im Durchschnitt mindestens 30 oder 40 weibliche Exemplare. Vielleicht liegt dies daran, daß die Männchen sich lieber in größeren Tiefen

Kopf eines weiblichen Jungtieres

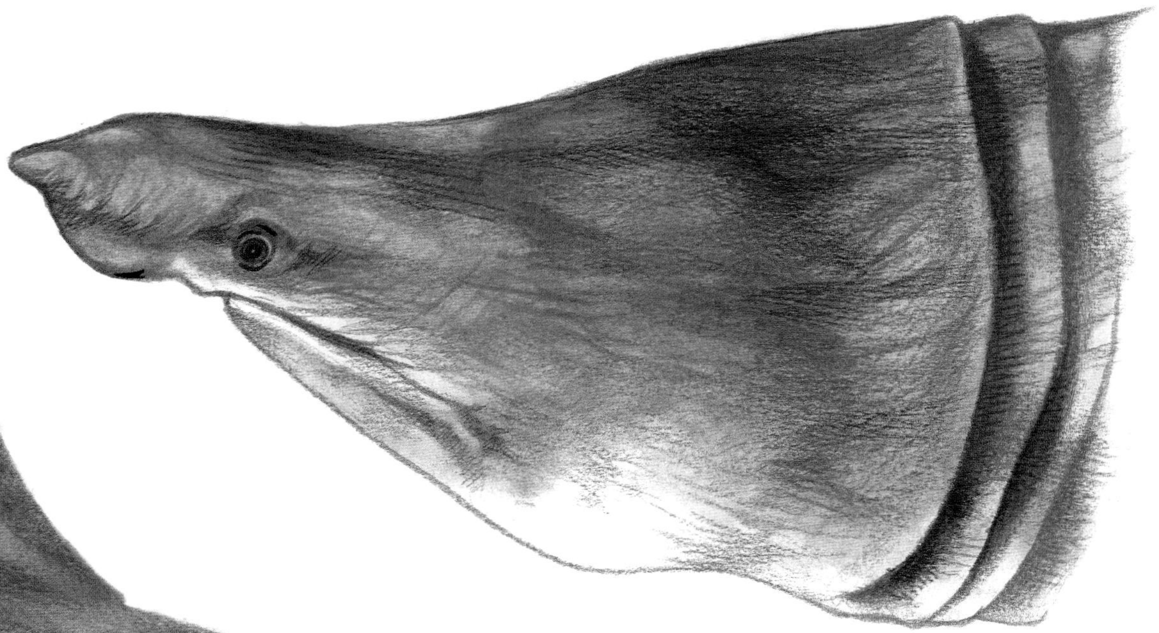

aufhalten, oder eine Gruppe von manchmal 60 bis 100 Tieren einem Harem gleichen. Mit dem Leben im Verband könnte auch ein anderes Verhalten zusammenhängen, das eine potentielle Gefahr für Schiffe birgt und von englischen und norwegischen Seeleuten mehrmals beobachtet worden war. Es handelt sich um Sprünge aus dem Wasser. Dabei ist es erstaunlich, woher ein solch großer und schwerer Fisch, der sich sonst eher gemächlich bewegt, den Schwung für Luftsprünge nimmt, die so hoch sein können, daß sich die Schwanzflosse bis zu zwei Meter über der Wasseroberfläche befindet. Um diese Kunststücke zu vollführen, benötigen die Riesenhaie entsprechend tiefes Wasser, um sich beim Aufprall nicht zu verletzen. Deshalb wurden solche Sprünge auch noch nie in seichtem Wasser beobachtet. Über die Bedeutung der Sprünge gibt es bislang nur Vermutungen, ebenso wie man auch nicht genau weiß, weshalb Wale oftmals springen. Wollen die Tiere auf diese Weise den Artgenossen etwas mitteilen, oder handelt es sich lediglich um den Versuch, lästige Hautparasiten abzuschütteln. Früher wurden Riesenhaie wegen ihrer Neigung zu Luftsprüngen sogar für Wale gehalten, bis Zoologen darauf aufmerksam machten, daß ihr Schwanz sich wie bei Fischen in vertikaler Richtung und nicht wie bei Walen und Delphinen in horizontaler Richtung zum Körper befindet.

Kopf eines erwachsenen Weibchens

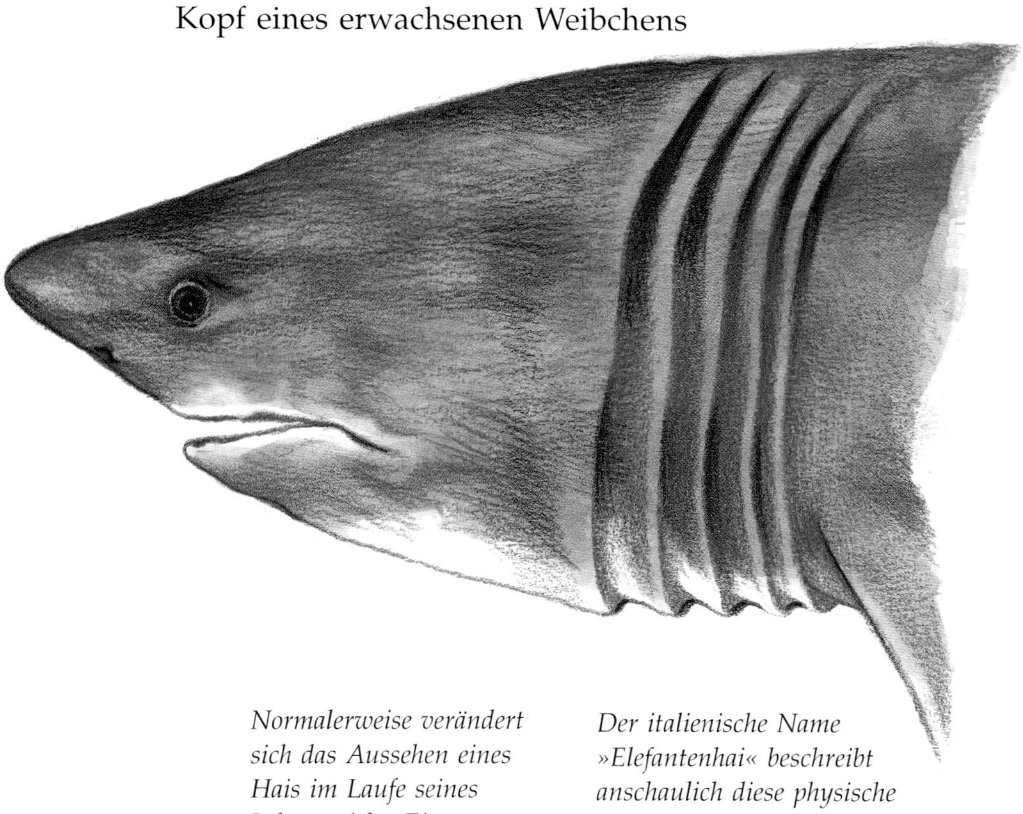

Normalerweise verändert sich das Aussehen eines Hais im Laufe seines Lebens nicht. Eine Ausnahme bildet der Riesenhai. Die Jungtiere dieser Art haben ein ausgesprochen langes, vorne spitz zulaufendes Maul.

Der italienische Name »Elefantenhai« beschreibt anschaulich diese physische Eigenart. Hingegen ist bei den erwachsenen Tieren das Maul ganz kurz, es hat die Form eines stumpfen, vorne abgerundeten Kegels.

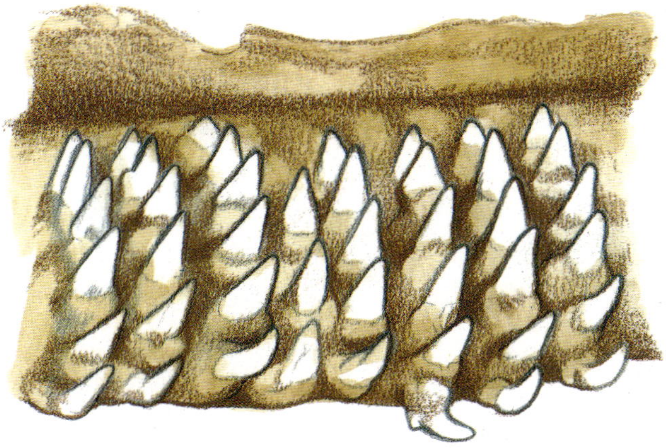

In jedem Kiefer des Riesenhais befinden sich zwischen vier und acht unregelmäßige Reihen mit zweihundert oder mehr winzigen kegelförmigen Zähnen. Ihre Funktion ist noch immer ungeklärt. Bedenkt man, wie der Riesenhai sich ernährt, ist es unwahrscheinlich, daß seine Zähne zum Kauen dienen, auch wenn nicht mit Sicherheit ausgeschlossen werden kann, daß sie eine Rolle bei der Nahrungsaufnahme spielen.

Nahrungsaufnahme beim Atmen

Die Ursache, weshalb ein naher Verwandter der Makrelenhaie (Isuridae), wozu der Marlin, der Makohai und auch der gefräßige Weiße Hai zählen, vom Raubfisch zum Filtrierer von Plankton wurde, ist unbekannt. Als Anpassung an diese neue Lebensweise entwickelte dieser zahnlose Hai ein ganz besonders ausgeklügeltes System der Filtrierung. Es gestattet ihm gleichzeitig zu atmen und zu fressen. Seine Kiemenbögen sind dazu mit Tausenden von kleinen Hornfortsätzen bestückt, die die winzigen Organismen zurückhalten. Das geöffnete Maul eines Riesenhais nimmt bei einem erwachsenen Tier mittlerer Größe fast einen Quadratmeter ein. Diese Größe befähigt das Tier innerhalb einer Stunde etwa 9000 Liter Wasser zu filtrieren, wenn man von einer Fortbewegungsgeschwindigkeit von zwei Knoten ausgeht. Der Magen einiger gefangener Exemplare enthielt fast 2000 Kilogramm an Nahrung, zu der nochmals dreihundert Kilogramm eines Schleims hinzukamen, der die filtrierte Masse eindickt und besser verdaulich macht. Ist das Maul aufgerissen, richten sich die Kiemenfortsätze auf, da die darunterliegenden Muskeln aktiviert werden. Wird das Maul geschlossen, sorgen elastische Fasern dafür, daß die Kiemenfortsätze wieder ihre Ruhestellung einnehmen, wobei somit wahrscheinlich auch alles, was der Hai an Eßbarem zu sich genommen hat, zusammen mit dem Schleim in den Körper hineingepreßt wird. Kleinkrebse und andere Krustentiere ebenso, wie Larven, verschiedenste Eier und kleine Fische. Die Kiemenfortsätze stehen bei Experten im Mittelpunkt des Interesses, geben ihnen jedoch einige Rätsel auf. So fehlen diese Hornstrukturen völlig bei Tieren, die strandeten, oder die man während der kalten Jahreszeit fing. Folglich sind diese nicht in der Lage sich zu ernähren. Ein weiteres Fragezeichen steht hinter dem geheimnisvollen Verschwinden der Elefantenhaie während des Winters. Ob im Mittelmeer oder im nördlichen Atlantik, man sieht junge Riesenhaie im Frühjahr und im Sommer, niemals dagegen im Winter. Etliche Forscher neigen zu der Ansicht, daß sie in der kalten Jahreszeit aufhören zu fressen und sich deshalb nicht mehr an der Wasseroberfläche auf-

Das Profil des Riesenhais ist außer von der vorstehenden Nase, wegen der das Tier in manchen Sprachen den Namen Elefantenhai trägt, auch von den sehr langen Kiemenspalten, die fast den gesamten Kopfumfang einnehmen, dominiert. Die dabei aus dem Wasser herausragende Rückenflosse hat in früheren Zeiten maßgeblich dazu beigetragen, daß zahlreiche Legenden über Seeschlangen und Meeresungeheuer entstanden.

halten. Statt dessen verfielen sie, wenn schon nicht in Lethargie, so doch in einen Zustand von Winterruhe in der Tiefe. Wahrscheinlich ruhen sie auf dem Meeresboden und warten auf den Frühling, wobei sich die Tiere immer in Gegenrichtung zur Strömung plazieren, so daß ständig Wasser durch ihre Kiemen fließt. In dieser Zeit werden wahrscheinlich auch die Kiemenfortsätze erneuert, denn unter der Haut der Riesenhaie zeigen sich im Winter erste neu gebildete Horngewebe. Sollte sich dies bestätigen, wäre der Riesenhai der einzige Vertreter seiner Spezies, der eine Art Winterschlaf hält. Eine einfache Rechnung scheint dieses These zu bestätigen. Ein sieben Meter langer Riesenhai verbraucht nicht weniger als sechshundert Kalorien pro Stunde, um mit seiner Normalgeschwindigkeit von etwa zwei Knoten zu schwimmen. Im Sommer ist reichlich Plankton vorhanden, wodurch die Kalorienzufuhr bei den Tieren größer ist, als der tatsächliche Bedarf. Im Winter steht dagegen wesentlich weniger Nahrung zur Verfügung. Daher kann der Hai dann nicht mehr als vierhundert Kalorien pro Stunde zu sich nehmen und nicht einmal seinen Mindestbedarf decken. Aus diesem Grund müssen sich Riesenhaie im Sommer einen Fettvorrat anfressen und den Winter über ruhen. Sollte es sich tatsächlich so verhalten, bildeten die Riesenhaie in den warmen Gewässern der kalifornischen Küste eine Ausnahme. Diese ziehen sich nämlich entgegen der Regel vorzugsweise im Sommer in die Tiefe zurück.

Sind Riesenhaie Seeschlangen?

Im Jahr 1808 strandete bei Stronsay vor den Orkneyinseln eine Riesenschlange. Sie war sechzehn Meter lang, hatte vier Füße und eine pferdeähnliche Mähne. Man verlieh ihr den wissenschaftlichen Namen Halsydurus maximus. Nun glaubte man, daß es den Forschern endgültig gelungen sei, den von Seeleuten so gefürchteten Meeresungeheuern einen Namen zu geben.

Das Monster entpuppte sich jedoch als Riesenhai, der den Zoologen eigentlich schon bekannt war. Die schnelle Verwesung hatte dem Kadaver indes übel mitgespielt. Zuerst zersetzten sich die Kiemenbögen des Elefantenhais, so daß lediglich die kleine Hirnschale vor dem langen und schlanken Körper offenlag. Ebenso schnell verfiel der obere Lappen der Schwanzflosse, der nicht mehr zu erkennen war. Was die vermeintlichen Füße betraf, handelte es sich dabei vermutlich um die Brustflossen. Die Pferdemähne dürfte letztendlich das Überbleibsel des Rückenflossenknorpels gewesen sein. Zur Entstehung des Mythos von der Seeschlange trugen nicht zuletzt auch die lebenden Tiere bei. Man muß dazu wissen, daß Riesenhaie nicht immer alleine das Meer durchqueren. Aus noch ungeklärten Gründen bilden manchmal zwei, drei oder noch mehr Exemplare eine Reihe, wobei das Maul des einen Tieres den Schwanz des anderen berührt. Wenn sie knapp unterhalb der Wasseroberfläche schwimmen, wie es ihre Gewohnheit ist und ihre Flossen dabei aus dem Wasser ragen, kann man sie leicht für ein einziges langes Tier halten.

Die Daten des Riesenhais

Das Durchschnittsgewicht eines erwachsenen Tieres schwankt zwischen vier und sechs Tonnen, die sich folgendermaßen verteilen: Kopf 900 kg, Leber 820 kg, Flossen 900 kg, Schwanz 450 kg, Haupt 900 kg, Fleisch 1400 kg, Eingeweide 450 kg, Darm- und Mageninhalt 450 kg. Die Leber kann bis zu zwanzig Prozent des Gesamtgewichts des Tiers ausmachen und zwischen 350 und 2700 Liter Öl enthalten. Der größte offiziell gemessene Riesenhai wog sechzehn Tonnen und war 12,27 Meter lang; dieses Tier verfing sich am 6. August 1851 in einem Netz bei Musquash Harbor in der kanadischen Fundy Bay. Zu Beginn des Jahrhunderts fing man vor der norwegischen Küste ein Exemplar, das mit seinen stattlichen 13,3 Metern Länge noch größer war. Der kleinste gefangene Riesenhai maß immerhin eineinhalb Meter. Vermutlich handelte es sich dabei um ein gerade erst geborenes Baby.

Die Riesenhaie schwimmen häufig mit weit aufgerissenem Maul an der Wasseroberfläche, um so möglichst viel Zooplankton aufzunehmen. Wenn der Rachen geöffnet ist, sind die Kiemenbögen deutlich zu sehen, auf denen die Kiemenfortsätze sitzen. Dabei handelt es sich um Horngewebe, das den Kiemenfilter bildet. Im Winter, wenn nur wenig Nahrungsangebot vorhanden ist, fallen die Kiemenfortsätze ab.

WALHAI

Rhincodon typus
Länge: bis zu 15 Meter
Verbreitung: die tropischen Gewässer aller Ozeane

Für die Biologen birgt der Walhai, der als einziger Vertreter der Familie der Rhincodontidae klassifiziert wird, noch immer viele Geheimnisse. Man weiß nur sehr wenig über ihn. Da er für wirtschaftliche Zwecke völlig uninteressant ist, wird der Walhai nur sehr selten gefischt und infolgedessen auch kaum studiert. Sicher ist nur, daß seine Ausmaße überdimensional sind. Einige der Exemplare, die man im Meer beobachtete, wurden auf eine Länge von achtzehn Metern und ein Gewicht von zwanzig Tonnen geschätzt. Mit den Walen, von denen er sich den Namen geliehen hat, ist der Rhincodon typus nicht verwandt. Der Grund dafür, daß er in die Nähe der großen Wale gerückt wird, sind vor allem seine Körpermaße. Es bestehen aber auch noch andere Ähnlichkeiten. Wie die Wale ernährt sich auch der Rhincodon von Plankton und anderen Kleintieren. Obwohl die Haie zu den Fischen, die Wale aber zu den Säugetieren gehören, haben sie, da sie die gleichen Bedürfnisse teilen, unabhängig voneinander fast identische Filtrierungssysteme entwickelt. An dieser Stelle sei bemerkt, daß in der Forschung die Meinung vorherrscht, es sei auch durchaus nicht als Zufall zu bewerten, daß die größten Meerestiere auf Kosten ihrer winzigen Beutetiere, die im Meer in großer Zahl vorhanden sind, leben. Der Walhai ernährt sich von Zooplankton und kleineren Fischen wie Sardinen und Sardellen; dabei strömt das Wasser in sein außergewöhnlich großes, bis zu zwei Meter breites Maul und entweicht anschließend durch die Kiemen. Der »Filter«, der dazu dient, all das, was verdaulich ist zurückzuhalten, besteht aus einem schaumartigen Gewebe, das zwischen den Kiemenbögen befestigt ist. Die Ernährung betreffend, ähnelt der Walhai also sehr stark dem Riesenhai. Allerdings muß man auch auf zwei erhebliche Unterschiede zwischen den beiden Arten hinweisen. Zum einen sind beim Walhai die Kiemen weniger lang und zum zweiten legt diese Art auch ein ganz anderes Verhalten an den Tag. In der Tat scheint er auf viel aktivere Art und Weise zu fressen. Noch bevor er auf die Planktonschwärme trifft, öffnet er das Maul und es scheint dann, als würde er seine Beute mit Bedacht anvisieren, um schließlich seinen Körper unaufhörlich von der einen Seite auf die andere zu drehen, damit ihm nichts entgehen kann. Im Gegensatz dazu beschränkt sich der Riesenhai darauf, ständig mit geöffnetem Maul, aber ansonsten mehr oder weniger passiv umherzuschwimmen. Ein weiterer Hinweis auf die »Unternehmungslust« des Walhais ist eine andere Technik, die er ebenfalls beherrscht. Von Zeit zu Zeit frißt er in der vertikalen Lage und taucht in bestimmten Abständen mit dem Kopf auf, um seine Beute von der Wasseroberfläche quasi aufzusaugen. Danach läßt er das Wasser aus den Kiemen fließen. Auch der Walhai hat zwischen drei- und fünftausend winzige, spitze Zähne pro Kiemenbogen, deren Funktion bislang jedoch ungeklärt ist.

Die Fortpflanzung der Walhaie ist noch immer ein Rätsel. Als man 1953 im Golf von Mexiko ein Ei aus dem Wasser fischte, in dem sich ein Embryo befand, dachte man an eine ovovi-

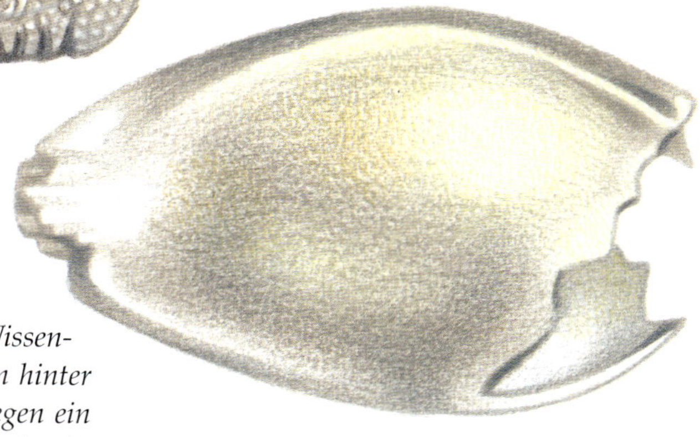

pare Art. Viele Wissenschaftler vermuten hinter dem Walhai hingegen ein ovovivipares Tier, das die Eier bis zu dem Augenblick, in dem die Jungen schlüpfen, im Körper behält.

Der Walhai ist vor allem entlang des Äquators, zwischen dem dreißigsten Grad nördlicher und dem fünfunddreißigsten Grad südlicher Breite anzutreffen. Nur gelegentlich taucht er dagegen in sehr warmen Zonen, oder in warmen Strömungen, wie etwa dem Golfstrom auf. Am liebsten sind ihm jene Regionen, wo sich unter das warme Wasser auch etwas kältere Strömungen mischen, die reich an Plankton sind. Eine dieser Zonen befindet sich zwischen den Seychellen und Mauritius. Hier ist es schon des öfteren vorgekommen, daß ein Walhai Boote von Eingeborenen kentern ließ. Derartige Zwischenfälle sind aber nicht auf die Böswilligkeit der Walhaie zurückzuführen, vielmehr war dieser Fisch viel zu sehr damit beschäftigt, Plankton zu suchen, als daß er die Boote überhaupt hätte bemerken können. Ansonsten zeigen sich die Walhaie gegenüber den Menschen sehr freundschaftlich, manchmal nähern sie sich sogar aus Neugierde ihren Booten oder lassen es gar zu, daß Taucher sich rittlings auf sie setzen.

Zur Zeit kann wohl niemand abschätzen, wie viele Walhaie weltweit existieren und ob ihre Zahl ab- oder zunimmt. Es scheint so, als wären sie sehr selten, genausogut ist es aber möglich, daß sie nur längere Zeit in großen Tiefen zubringen, ohne sich je an der Wasseroberfläche blicken zu lassen. Auch über ihr Fortpflanzungsverhalten weiß man nur sehr wenig.

Darüber hinaus gilt es, noch eine Reihe offener Fragen zu klären: so gibt etwa die mimetische Farbe dieser Tiere den Zoologen schon seit der Entdeckung des ersten Exemplares im 19. Jahrhundert Rätsel auf. Der Rücken des Walhais ist in der Tat einzigartig für diese Gattung. Auf dem bräunlichen Grund sind helle Flekken verteilt, die von weiß-gelblicher Farbe sind und in regelmäßigen Abständen mit Längs- und Querstreifen abwechseln. Von oben gesehen, erscheint die Silhouette des Walhais gegenüber dem Schimmern des Wassers als perfekt tarnend. Unklar ist, warum der Walhai Interesse daran haben könnte, sich einer Tarnung zu bedienen, denn eigentlich hat er es nicht nötig, sich unsichtbar zu machen, weder gegenüber seiner Beute, noch gegenüber eventuellen Feinden oder Jägern. Denn praktisch hat er keine Feinde, vor allem aber nicht von der Wasseroberfläche aus.

Die fünf Kiemenöffnungen des Walhais sind typisch für viele Haie, während der aus Knorpelgewebe bestehende Siebapparat, den man im Inneren der Kiemen sehen kann, eher mit den Barten der Wale vergleichbar ist.

Rekorde

Auch wenn er nicht die kolossalen Ausmaße des großen Blauwals erreicht, hält der Walhai doch den Rekord, der größte Fisch der Welt zu sein, gefolgt vom Riesenhai. Stellen wir nun also eine kurze »Guinnessliste« der Rekorde der Haie auf. Der kleinste bekannte Hai ist der Squalidus laticondus des östlichen Pazifiks. Selbst die erwachsenen Tiere werden nicht länger als 20 Zentimeter. Der seltenste Hai ist der Megamouth, der nur ganz wenige Male von Fischern gesichtet wurde. Der Mako kann sich der größten Schnelligkeit brüsten, er ist in der Lage bis zu 90 Stundenkilometer schnell zu schwimmen. Als am gefährlichsten für den Menschen gilt der Weiße Hai. Der Blauhai ist hingegen der fruchtbarste, bei einem Weibchen wurden einmal 135 Junge im Uterus gezählt. Genau das Gegenteil ist der Sandhai, der nur zwei Nachkommen auf einmal bekommt, was mit dem intrauterinen Kannibalismus zu erklären ist. Insgesamt existieren nur zwei giftige Haiarten. Der Grönlandhai (Somniosus microcephalus), dessen Fleisch Gift enthält, so daß der Verzehr tödlich ist und der Dornhai (Squalus acanthias), der giftige Dornen besitzt, von denen aber keine lebensgefährliche Wirkung ausgeht.

MEGAMOUTH

Megachasma pelagios
Länge: 450 cm
Verbreitung: nicht erforscht

Das »Riesenmaul«, das für gewöhnlich nur unter dem englischen Namen Megamouth bekannt ist, gehört zu den erst in jüngster Zeit entdeckten Haiarten. Bis heute wurden nur sechs Exemplare gesichtet, fast alle waren bereits tot, da sie sich in Fischernetzen verfangen hatten. Einen lebenden Megamouth konnte man vor wenigen Jahren entlang der kalifornischen Küste beobachten. Es war auch das erste Mal, daß man einen Vertreter dieser Art unter Wasser filmte und es gelang, seinen Weg zu verfolgen, indem man einen kleinen Sender auf seinem Rücken befestigte. Alles in allem erhielt man aber alle verfügbaren Informationen nur von wenigen Exemplaren.

Zusammen mit den Walhaien und den Riesenhaien gehört er zur Gruppe der filtrierenden Haie, ansonsten ist der Megamouth aber mit keinem dieser beiden enger verwandt. Im Gegensatz zu anderen Haien hat der Megachasma einen wenig robusten Körper, eine eher dünne Haut und kleine abgeflachte, mit Haut überzogene Zähne. Auch seine Muskulatur ist ungewöhnlich schwach. All dies legt die Vermutung nahe, daß er kein besonders guter Schwimmer ist. Dies haben auch die wenigen Aufnahmen von ihm, die bis heute gemacht wurden, bestätigt. Nebenbei bemerkt, gibt es auch Knochenfische, die im offenen Meer leben und sich ebenfalls nur verhältnismäßig langsam fortbewegen können. Bei ihnen stellt diese Eigenschaft eine Anpassung an Gewässer dar, die nur wenig Beute bieten und genauso könnte es sich auch bei dem seltsamen Megamouth verhalten. Der Körper des Tiers ist von grau-schwarzer Farbe, die manchmal auch bläulich schimmern kann. Dabei ist der Bauch stets etwas heller. Der Megamouth besitzt zwei lange Brustflossen und zwei Rükkenflossen, von denen die erste größer ist. Auffällig ist die asymmetrische Form der Schwanzflosse, der obere Lappen ist hier viel stärker entwickelt und sehr beweglich. Aber das herausstechendste Merkmal ist das riesige Maul mit seinen eigenartigen weichen »Lippen«. Entlang dieser Lippen stehen mehrere Reihen seiner winzigen Zähne. Außerdem ist auffallend, daß einige Teile des Mauls zu leuchten scheinen. Höchstwahrscheinlich werden auf diese Weise die kleinen Getiere, von denen er sich ernährt, angelockt. Man kann mit großer Sicherheit davon ausgehen, daß der Megamouth mit weit geöffnetem Maul die Planktonriffe entlangschwimmt und dabei Krabben frißt. Wie die seiner filtrierenden Artgenossen sind auch seine Kiemen mit Hornfortsätzen versehen, die dazu dienen, Nahrung zu zerstückeln. Soviel man weiß, bevölkert der Megamouth die warmen Gewässer des indopazifischen Raums. Es liegt jedoch völlig im dunkeln, wie viele Exemplare weltweit existieren. Auch seine Ursprünge sind völlig unbekannt. Die einzigen Indizien, die den Paläontologen zur Verfügung stehen, sind die wenigen fossilen Zähne aus dem Miozän, die zwanzig Millionen Jahre alt sind und bei Straßenarbeiten in Kalifornien gefunden wurden, sowie weitere Zähne aus dem vierzig bis fünfzig Millionen Jahre zurückliegenden Eozän, die in England und Argentinien aufgetaucht sind.

Megamouth

Sägehai

Port-Jackson-Hornhai

Stierkopfhai

Existieren noch versteckte Meeresungeheuer?

Wenn jemand vor dem November des Jahres 1976 erzählt hätte, er habe ein Meeresungeheur gesehen, das dem Megamouth ähnelte, so wäre er höchstwahrscheinlich nicht ernst genommen worden. Denn bis zu diesem Zeitpunkt glaubten die Forscher nicht, daß es noch einen dritten pelagischen filtrierenden Hai gäbe. Das erste Exemplar eines Megamouth wurde zufällig von der Besatzung eines amerikanischen meereskundlichen Schiffs vor der Hawaii-Insel Oahu gefangen. Ein riesiger Fisch hatte sich in den schwimmenden Ankern verheddert. Für die Wissenschaftler, denen er übergeben wurde, war es eine außergewöhnliche Entdekkung, sie mußten nicht nur einen wissenschaftlichen Gattungs- und Artnamen finden, sondern auch eine neue taxonomische Familie begründen.

Dies legt die Frage nahe, ob auch noch andere »Meeresungeheuer«, also Tiere, die von der offiziellen Wissenschaft noch nicht klassifiziert wurden, in den Ozeanen schwimmen. Viele Forscher sind der festen Überzeugung, daß es noch immer eine bestimmte Zahl an bislang unbekannten Lebewesen auf dem ganzen Planeten zu entdecken gibt, vor allem aber im Meer und hier in erster Linie unter den großen Arten, wie den Haien oder Meeressäugetieren. In der Tat ist es nicht gesagt, daß es die kleinen Tiere sind, die sich besser verstecken, schon häufig wurden die größeren und rareren Arten erst viel später entdeckt. So wurde zum Beispiel der Walhai erst 1828 das erste Mal beschrieben. Ein anderes Beispiel ist der Riesenkrake, der größte aller Kopffüßer, den man erstmals 1856 zur Kenntnis nahm. Es gibt sogar eine internationale Organisation, die Gesellschaft für Kryptozoologie in Tuscon (Arizona), in der sich angesehene Wissenschaftler zusammengefunden haben, um über das Thema noch unbekannter Tierarten zu forschen. Einige der Mitglieder organisieren Expeditionen oder sammeln Beweise dafür, daß man noch Tiere entdecken wird, deren Existenz man bislang bezweifelte, so wie es sich etwa bei dem berühmten Ungeheuer vom Loch Ness, oder seinem amerikanischen Gegenstück, dem »Champ« aus dem Champlain-See in Vermont verhält. Vom Ungeheuer vom Loch Ness wird teilweise angenommen, daß es sich dabei um einen Fuchshai handelt, der durch eine Reihe von Kanälen aus dem Meer in den See gekommen ist. Denn der berühmte »Dinosaurierkopf« mit dem Hals, der nach unten dick und dann oben schlank ist, ähnelt tatsächlich der Form des Schwanzes von Fuchshaien. Richard Ellis, Haiexperte und Zeichner, schrieb in einem seiner Bücher: »Für jede Art die hier beschrieben ist, gibt es wahrscheinlich eine andere, die es erst noch zu entdecken gilt.«

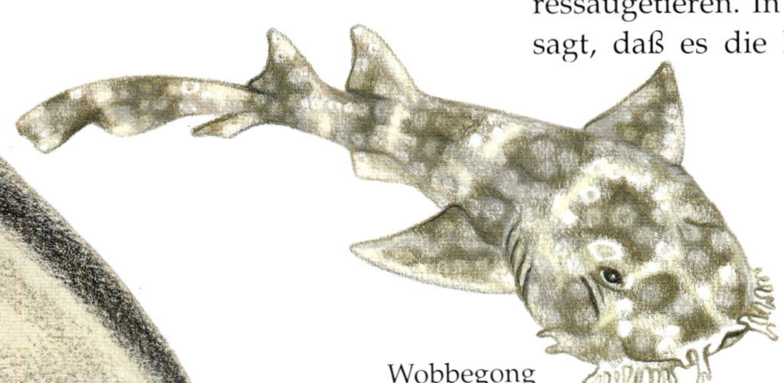

Wobbegong

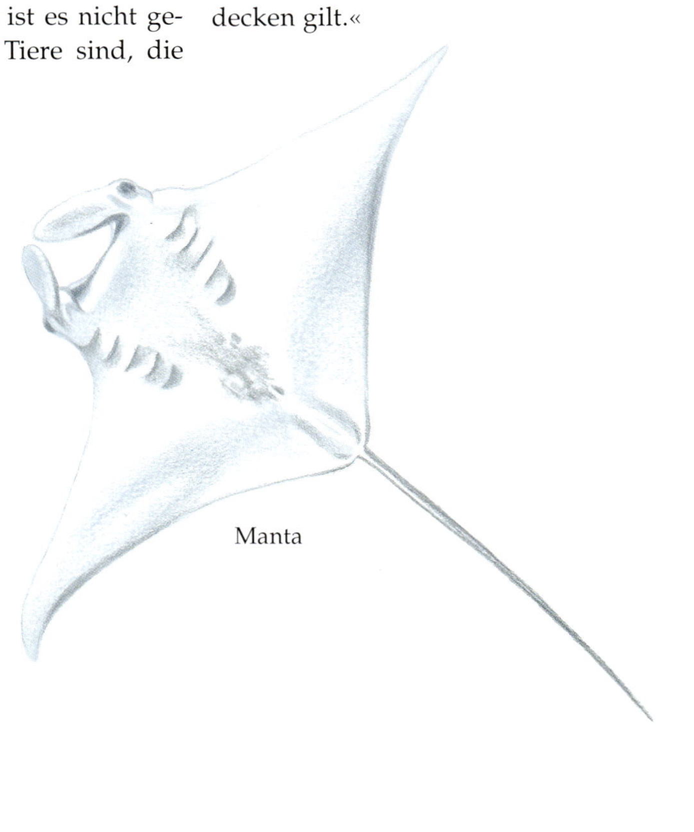

Manta

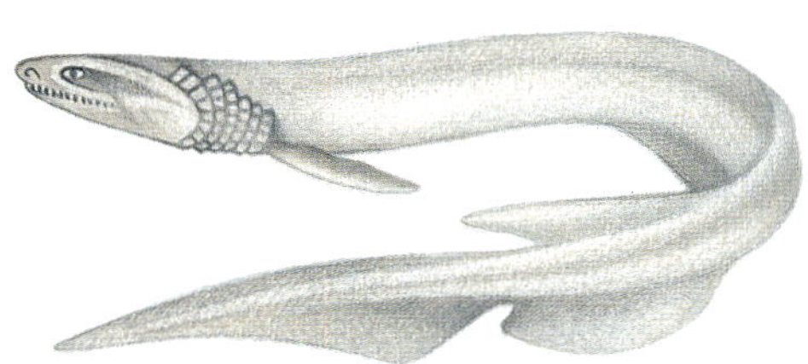

Kragenhai

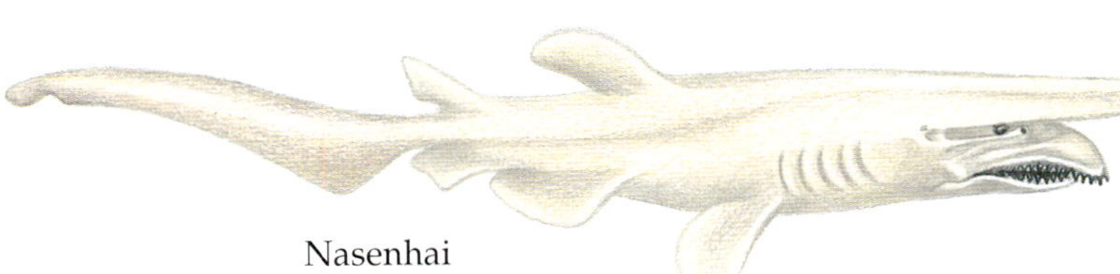

Nasenhai

Engelhai

Zweifelsohne ist der Megamouth einer der Haie mit besonders eigenartigem Aussehen. Aber auch viele seiner Verwandten weichen äußerlich stark vom »typischen« Hai ab. Auf dieser Seite sind verschiedene Arten von ungewöhnlichen Haien abgebildet. Der Manta (oben) zählt nicht zu den Haien, ist aber doch ein ganz naher Verwandter, es sind auch Knorpelfische. Im Laufe der Evolution wurden sie immer flacher und haben sich so an das Leben in seichten Gewässern auf dem Grund angepaßt. Inzwischen haben sie aber auch das offene Meer wieder als Lebensraum entdeckt.

Hai-Beobachtung

Menschen, die ans Meer reisen, teilen sich in zwei Lager. Die einen hoffen nie einem Hai zu begegnen, die anderen dagegen wollen unbedingt ein Exemplar sehen. Letztere befinden sich wahrscheinlich in der Minderheit, unter ihnen sind Taucher, die wohl vom Mythos des Films »Der Weiße Hai« beeinflußt sind, von denen aber auch sicherlich viele ernsthaftes Interesse für diese eleganten Meeresräuber hegen.

Bis vor wenigen Jahren war es nur den Draufgängern unter den Haibegeisterten möglich, diesen Tieren zu begegnen, heute bietet das sogenannte »Shark Watching« eine ungefährliche Alternative, die Haie zu beobachten. Sie werden dabei nicht mehr als blutrünstige Monster, sondern vielmehr als prachtvolle Tiere erlebt, die sich bestmöglich an den Lebensraum Meer angepaßt haben und die in den meisten Fällen, wenn sie nicht gerade provoziert werden, auch niemanden angreifen. Natürlich gibt es ganz verschiedene Haie. Es macht einen Unterschied, ob man auf dem Meeresgrund einem Katzen- oder einem Leopardenhai begegnet, beziehungsweise ob man auf einen Blau-, Grau- oder Hammerhai trifft, und je nach dem müssen verschiedene Vorsichtsmaßnahmen getroffen werden. Ein anderes Problem besteht darin, die Haie, die man gerne sehen will, auch zu finden. Dies ist manchmal schwieriger, als man annehmen möchte. An vielen Orten, so etwa auf den Malediven oder den Bahamas, werden regelmäßig Tauchexpeditionen zu den Haien – meist handelt es sich um Graue Riffhaie – angeboten, auch wenn viele dieser »Taucherclubs« inzwischen schließen mußten, weil die Aktivitäten als zu gefährlich eingestuft wurden. Um die Haie anzulocken, werden reichlich Fische verteilt, was gelegentlich zu der gefürchteten Freßwut unter den Tieren führt. Im kalifornischen San Diego zum Beispiel offerieren darauf spezialisierte Veranstalter den Tauchern eine Begegnung mit den Blauhaien. Dabei wird der Taucher in einem Schutzkäfig ins Wasser gelassen. Wer dagegen noch mehr Nervenkitzel sucht, kann in australischen Gewässern Weiße Haie beobachten. Von Port Lincoln aus werden von Februar bis April Tauchunternehmen organisiert, bei denen man versucht, die großen Raubfische durch Fleischstücke und andere Köder anzulocken. Wenn sich einer blicken läßt, können sich die Taucher in einem stabilen Schutzkäfig ins Meer absenken lassen. Wesentlich entspannter gestaltet sich dagegen ein Zusammentreffen mit einem Walhai, was allerdings leider nur sehr selten möglich ist. Eugenie Clark, die Haie erforscht, empfahl mir das Ningaloo Reef. Entlang der Westküste Australiens tauchen nach dem Vollmond im März oder auch im April, also zu dem Zeitpunkt, wenn sich die Steinkorallen fortpflanzen und sich das Wasser von den Eiern trübt, besonders viele große filtrierende Haie auf. Sowohl der Walhai als auch der Riesenhai sind dann häufig zu sehen, ohne daß man sich dazu unter Wasser begeben muß. Von der Hebrideninsel Mull aus werden in der Sommersaison täglich Ausflüge organisiert, um kleinere Wale zu beobachten, aber nicht selten gesellen sich zu ihnen auch Riesenhaie. Selbst im Mittelmeer kann man gelegentlich auf sie stoßen, vor allem im Frühling und in den ersten Sommerwochen. Zu den beeindruckendsten Schauspielen zählt auch die Ansammlung der Hammerhaie im Cortez-Meer in Mexiko, direkt oberhalb von El Bajo, in der Nähe der Insel Socorra.

Diese seichte Stelle wird auch von Mantas und Walhaien aufgesucht. Die Sphyrna lewini sind eine Art, die an und für sich gefährlich ist, aber viele tauchende Shark Watcher, die das Glück hatten, hundert bis zweihundert Haie auf einmal zu sehen, standen vor einem Problem, das sie nicht erwartet hatten. Beim ersten Atemzug, den sie taten, erschreckte das Geräusch des automatischen Atmungsgeräts die Haie und vertrieb sie. In den nun folgenden Übersichten sind die Gewohnheiten einiger Arten zusammengetragen, sowie sie entlang der Küsten des nordamerikanischen Kontinents von Kanada bis Mexiko registriert wurden.

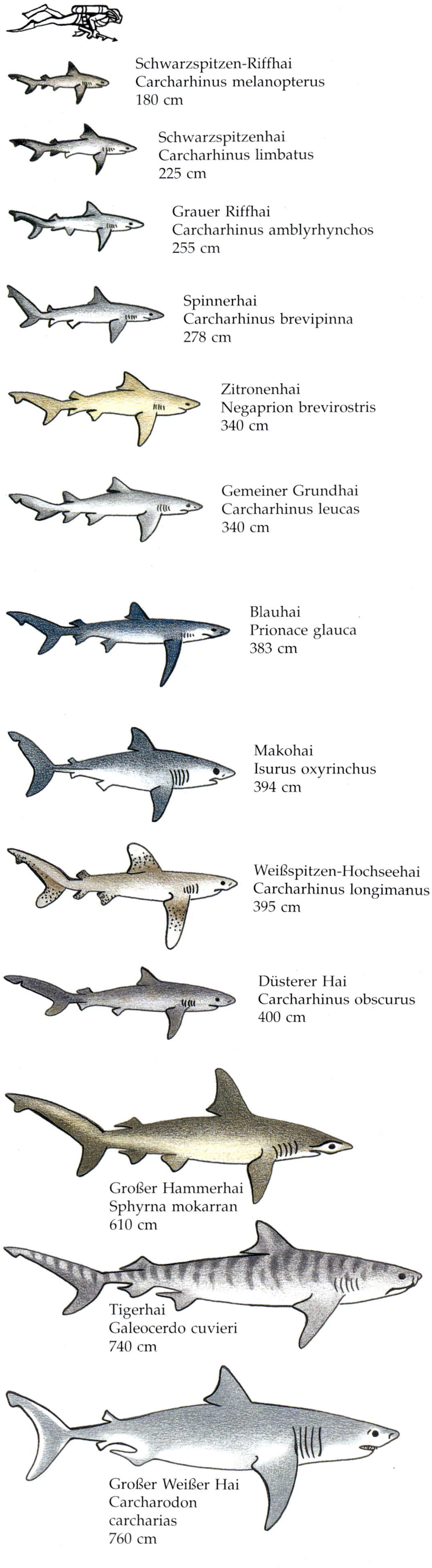

Zwar ist die Biologie der Haie bislang nur unzureichend erforscht, aber es ist zumindest gelungen, sie bezüglich ihrer Bedürfnisse und ihrer Verteilung in zwei Kategorien zu unterteilen. Man unterscheidet die Arten, die sich vor allem in seichten, küstennahen Gewässern aufhalten, wie etwa der Grau- und Ammenhai, von denen, die das offene Meer und große Tiefen als Lebensraum bevorzugen, zu denen Leoparden- und Blauhaie sowie Riesen- oder Walhaie zählen.

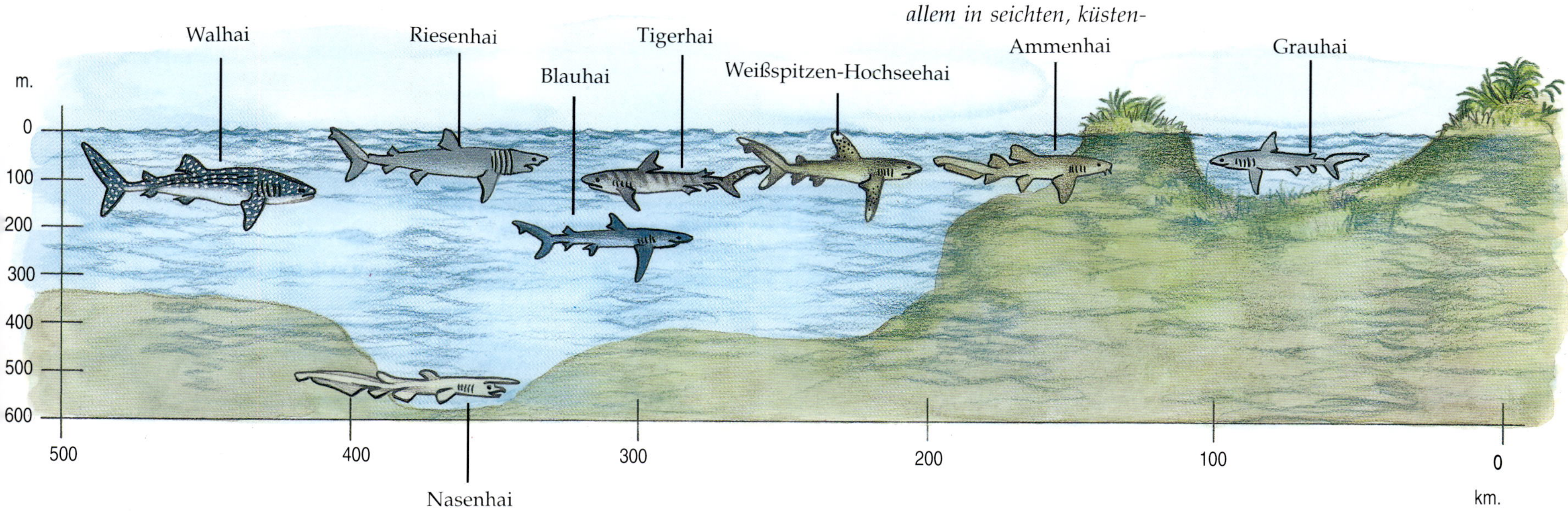

Auf der Karte sind einige Regionen eingezeichnet, in denen man mit großer Wahrscheinlichkeit Haie beobachten kann. Das sogenannte »shark watching« ist ein bei Unterwassersportlern beliebtes Freizeitvergnügen. Eines der interessantesten Studienobjekte ist der harmlose Walhai. Experten fanden heraus, daß man dieser Art mit gewisser Regelmäßigkeit im März und April im Ningaloo Reef vor Australien begegnen kann.

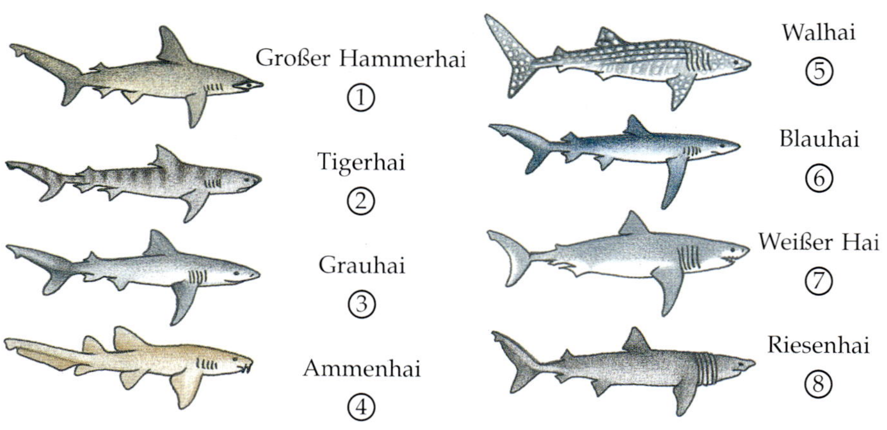

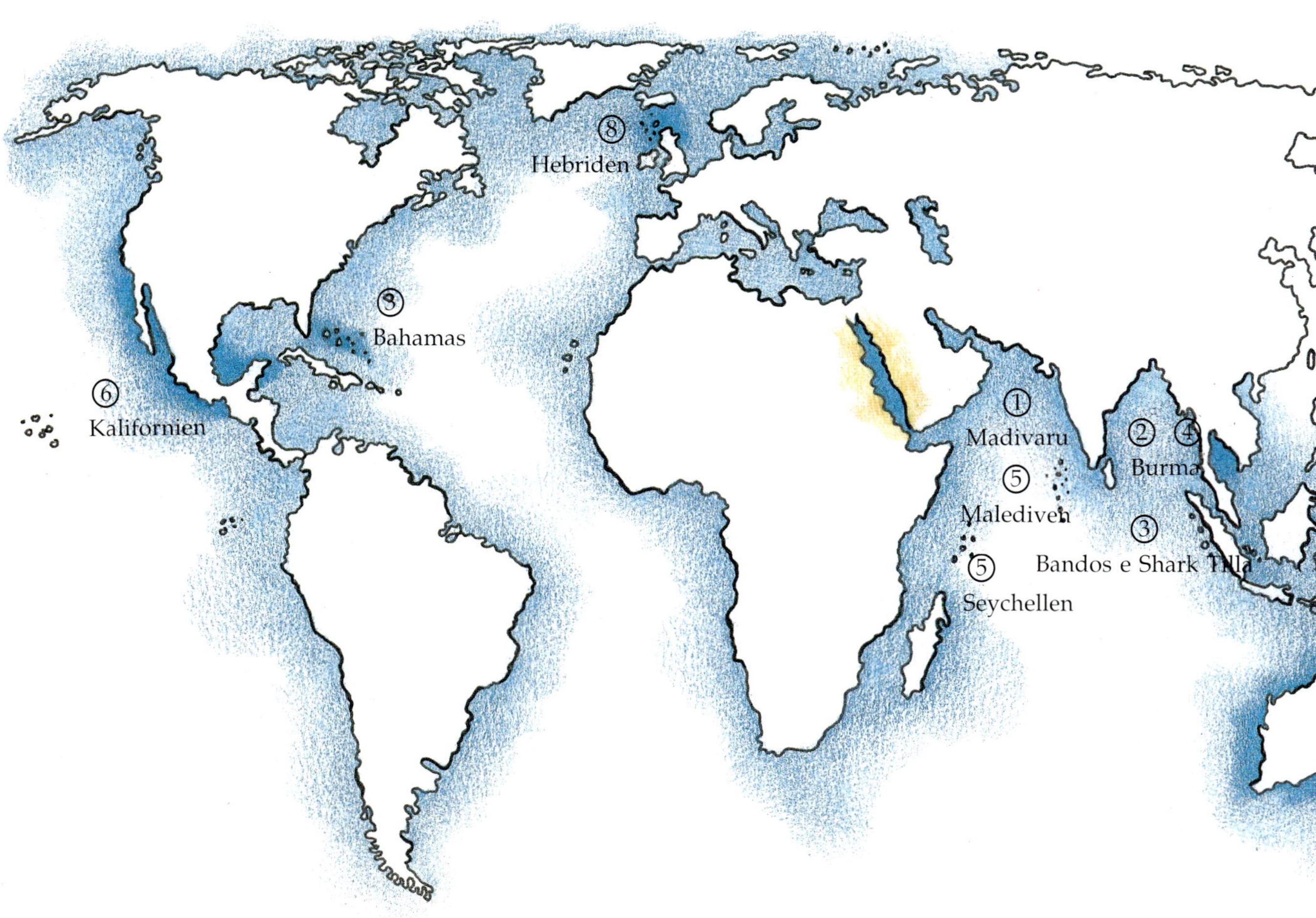

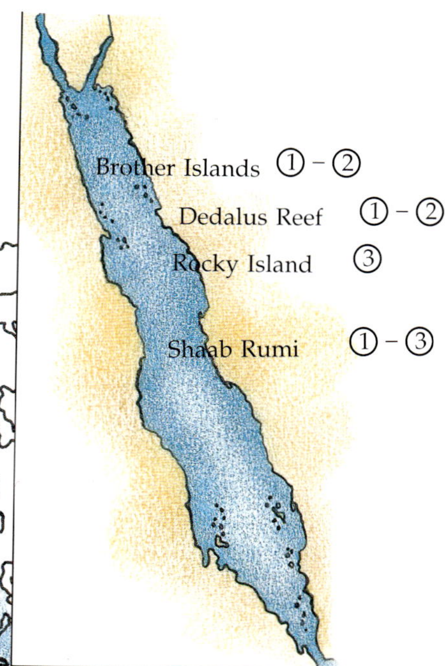

Via Candido Sassone, 24
13100 Vercelli, Italia

Karl Müller Verlag, Danziger Str. 6, D-91052 Erlangen

Übertragung: Petra Straßenmeyer und Friedrich Peterhans

ISBN 3-86070-662-4

5 4 3 2 1 97 98 99 00 01